SOUVENIRS

DES

GUERRES DE L'EMPIRE.

SOUVENIRS

DES GUERRES

DE L'EMPIRE

RÉFLEXIONS, PENSÉES, MAXIMES,
ANECDOTES, LETTRES DIVERSES, TESTAMENT PHILOSOPHIQUE,
SUIVIS D'UNE NOTICE SUR LE GÉNÉRAL RIGAU,

Par le Colonel de Cavalerie RIGAU,

CHEF D'ÉTAT-MAJOR DE LA 43ᶜ DIVISION, PENDANT LA CAMPAGNE DE 1813,
ANCIEN CAPITAINE D'ÉTAT-MAJOR DU PRINCE DE NEUFCHATEL,
MAJOR-GÉNÉRAL DE LA GRANDE ARMÉE.

La gloire n'obtient plus qu'un sourire moqueur,
La jeunesse elle-même a des rides au cœur.
(BARTHÉLEMY).

Fais ce que doit,
Advienne que pourra.

Paris,

A. POILLEUX, Éditeur, | GARNIER frères, Libraires,
Rue Hautefeuille, n. 16. | Au Palais royal.

ET CHEZ TOUS LES MARCHANDS DE NOUVEAUTÉS.

1846.

NEUILLY. — IMPRIMERIE DE A. POILLEUX.

A VOUS, MON GÉNÉRAL,

LE NESTOR DES ARMÉES GLORIEUSES DE L'EMPIRE,

LE GÉNÉRAL DROUOT.

S'il existait un homme d'un plus beau caractère, qui commandât plus d'estime et de vénération, je l'eusse prié d'accepter l'hommage de mes souvenirs de guerre ; on le chercherait en vain après vous.

Permettez-moi de les placer sous l'approbation du Sage, rare modèle des temps modernes, que l'antiquité revendiquerait.

Veuillez me croire toujours,

Mon Général,

Votre respectueux, dévoué et affectionné admirateur,

Le Colonel de Cavalerie,
Bon RIGAU.

MA VIE MILITAIRE

ou

SOUVENIRS

DES

GUERRES DE L'EMPIRE.

Je cède aux désirs et aux raisonnements de mes amis honorables, sans cependant adopter toutes leurs idées ; elles flatteraient mon amour-propre, et je veux rester, en écrivant cet opuscule, calme, vrai et modeste comme toute ma vie ; mais comme eux je pense qu'étant, ainsi que mon père vénéré, enfant du peuple et fils de mes œuvres, je dois laisser à ma famille, à mes amis, le même genre d'héritage qu'il m'a laissé : ce genre de fortune, pour ceux qui ont l'âme généreuse, sera préféré en même temps qu'apprécié. C'est du moins ainsi que je me suis toujours réjoui de ne devoir tout qu'à moi, et d'avoir été, comme mes parents, sans fortune, et sans espoir même d'en avoir un jour, je dirai même sans en vouloir ; car on sait qu'en me mariant, je montrai de bonne heure mon abnégation désintéressée ; s'il m'arriva d'en désirer un peu, c'était uniquement pour celle qui s'est trouvée liée à ma vie ; ce sont les seuls éclairs de pensées d'argent que j'aie eu. Ceux de mes frères d'armes avec lesquels j'ai vécu se le rappelleront : désintéressement poussé jusqu'à une profonde indifférence ; je ne compris jamais que, dans notre état de soldat, on pût songer à soi. Aussi, ai-je souvent bien cruellement souffert, lorsque nos malheureuses époques, si désastreuses, causées par les frimats du nord, ont amené et fait connaître les premiers caractères personnels dans l'armée, et par ceux encore qui devaient tout à l'Empereur ou à la gloire de son règne. Depuis, l'égoïsme n'a fait que s'endurcir et attrister le cœur, quand on pense qu'il a régné en Europe pendant plusieurs siècles un principe de point d'honneur qui ne permettait pas à un militaire d'abandonner, dans aucun cas, le chef auquel il était attaché, ou les personnes auxquelles il était uni par les liens du sang ; mais les temps sont bien changés. Si l'empereur d'Autriche, si nos maréchaux, nos généraux eussent été pénétrés de leurs devoirs, ils n'eussent pas abandonné aussi lâchement l'Empereur, tandis que la gloire de ce génie malheureux s'en agrandissait sur son rocher de Sainte-Hélène, où il est mort plus grand, plus imposant qu'au sommet de sa fortune ; ils se sont déshonorés à jamais en ne songeant qu'à leur vil intérêt personnel, et l'histoire avec justice flétrira leur mémoire.

Tout le monde sait la conduite cruelle du gouvernement de la Restauration, et je dus comme d'autres rester avec famille pendant plusieurs années avec un traitement modique, jusqu'à ce que la passion se fût enfin calmée : « Votre tort est d'avoir de la gloire », me dit un jour le Nestor de l'armée française, qui m'honorait de son amitié, et déplorait les erreurs de cette attristante époque.

Un général heureux, chambellan de Charles X, portant sa clef plus fièrement au dos de son habit qu'il n'avait montré peut-être ses armes à l'ennemi, sollicité par un de ses amis de vouloir bien faire quelques démarches en sa faveur pour le faire employer, répondit qu'il s'était fait une loi de ne s'employer pour personne : voilà ce que deviennent les hommes quand la corruption est employée à renverser et détruire tous les principes. Ce discrédit de l'honneur a porté ses fruits; et loin de servir alors sa patrie par dévouement, avoir ce que l'on appelle *le feu sacré,* on arrive à servir par intérêt; et chacun calcule le temps, l'époque d'un nouveau grade, comme le spéculateur calcule les intérêts de ses bénéfices de chaque jour; et les militaires solliciteurs, tout en avouant le mauvais côté de ces sentiments, viennent à

Paris, ou font solliciter, pour ne pas être dupes de ceux qui font faire des démarches soit par leurs parents ou leurs amis, et intriguent ostensiblement ou hypocritement.

L'esprit de famille militaire s'est perdu par la tête de l'armée : les généraux n'ayant pas rougi de songer à eux, les militaires ont pu suivre ce triste exemple.

Je sais que pour beaucoup la vie et la mort ne sont qu'une date, une tombe qui s'ouvre sur un souvenir, et se referme ensuite sur un oubli. Mais pour d'autres, aux âmes élevées, aimant la grandeur de leur patrie, c'est davantage.

J'appartiens à cette génération, aujourd'hui bien décimée, qui entrant dans la vie active au moment où commençait l'empire, s'unit intimement à ses combats, à sa splendeur si glorieuse, dont les débris épars aujourd'hui semblent et apparaissent comme des guerriers fantastiques d'Ossian, d'Homère et de l'Arioste, appartenant pourtant en réalité à cette époque gigantesque de l'empire.

Né en 1789 à Mastricht, ex-département de la Meuse-Inférieure, j'entrai au service le 21 janvier 1803. Arrivé au corps, qui était alors 16e de cavalerie, autrefois Royal-Bourgogne, devenu 25e régiment de dragons le 23 frimaire an 10, en garnison à Châlons-sur-Marne, je fus de suite à la caserne Saint-Pierre, que je ne quittai plus que comme officier. Je vois encore ses chambrées, et me rappelle mes camarades avec satisfaction. Avec quel plaisir, avec quel bonheur j'embrassais ces valeureux soldats, lorsque je les retrouvais plus tard, heureux ou malheureux, soit en Allemagne, en Espagne, en Portugal, en Russie, partout, enfin, où la bonne ou mauvaise fortune me conduisait! Ces souvenirs d'impressions de famille militaire me font, à l'heure qu'il est, palpiter le plaisir.

J'avais à peine quatorze ans pour supporter les fatigues d'alors. Mon début fut rude comme mon enfance et ma vie ; mais moins rude, cependant, que celle de mon brave père, qui fut huit ans soldat. Aussi ai-je cru devoir une notice à sa glorieuse mémoire, qui est un culte pour moi ; car, on le sait, il laissa, en quittant la terre, des traces qui recommandent sa mémoire, qui ne peut généralement résister à un oubli complet, qu'au moyen des services éminents rendus à la patrie ; j'ai dû penser qu'il était de mon devoir filial de glorifier sa mémoire, qui rappelle le mérite, le courage malheureux, et qui trouva pour récompense l'injustice, et la mort sur une terre étrangère !...

« Tous les dangers et tous les maux que supportaient » les armées à cette époque, (dit M. de La Valette dans

» ses Mémoires), doivent exciter une admiration d'autant
» plus vive, qu'elles n'avaient pour récompense et compen-
» sation que l'amour de la patrie et l'ivresse de la gloire.
» Toutes les jouissances, même les plus modestes, nous
» étaient inconnues ; nous étions sans fortune ; les sol-
» dats ne recevaient en argent qu'un écu par mois, et les
» officiers de tous grades seulement huit francs. Nos
» traitements nous étaient payés en assignats, et cette
» monnaie, déjà dépréciée en France, était sans valeur
» chez l'étranger, pendant le rigoureux hiver de 1794.
» Je partageais avec sept de mes camarades une petite
» chambre de paysan dans le village de Findheim, près
» Mayence ; nous n'avions qu'un lit, dont la jouissance
» était tirée au sort chaque semaine ; les autres couchaient
» à terre. Les assignats suffisaient à peine pour nous
» procurer de mauvais vin trois fois par mois ; nous
» savions que notre hôte en possédait une quantité assez
» considérable, et l'idée de le contraindre à nous en
» donner sans payer n'est pas même venue à aucun d'en-
» tre nous. »

C'était alors aussi une époque de désintéressement
militaire. (Armée du Rhin, 1794.)

Une armée, pour être bonne, doit être courageuse,
disciplinée, sobre ; mais ambitieuse de gloire, et les
officiers indifférents pour les richesses et les faveurs.

Les sous-lieutenants des armées de Catinat (*V.* ses Mémoires), se contentaient de trois sous par jour en temps de guerre.

Les privations, la pauvreté, la misère sont l'école du bon soldat.

Le maréchal Lefebvre avait été simple soldat, et Paris l'a vu comme sergent aux Gardes françaises.

Bernadotte entra comme volonlaire dans le régiment de Royale-Marine le 3 septembre 1780 ; il n'y devint sergent que six ans après, en 1786 ; et ce fut seulement cinq ans après, en 1791, qu'il fut fait officier, en sauvant la vie à son colonel. La guerre qui se déclara en 1792 fut, comme à d'autres, la cause de son étonnante fortune militaire : on sait que les campagnes de 1793, 1794 ont sauvé la France de l'invasion étrangère.

Je le cite, non comme un hommage, car ses torts furent trop graves envers la France et l'Empereur, mais comme preuve qu'alors les grades récompensaient les services, et ne les devançaient pas.

Approuver la conduite de ce général, qui devait se dispenser de commander son armée en personne contre des Français, serait approuver qu'un fils manque de respect à son père ou à sa mère.

Je passai le Rhin comme sous-lieutenant, le cœur et les yeux pleins de larmes, douces de satisfaction, en un mot, fortement ému de traverser ce fleuve à côté de vieux guerriers, et n'ayant encore rien fait pour mériter mon premier grade. Ma pensée dominante du moment était de chercher, non de surpasser ces hommes d'élite, ce qui n'était pas possible, mais de les imiter.

Ici je ne dois mettre en oubli, et c'est un devoir que je remplis, si je ne veux passer pour ingrat, de rendre hommage à leurs vertus guerrières, qui égalaient leurs bontés. Ils me surent gré d'avoir préféré mon début militaire comme soldat en refusant le brevet de page de l'Empereur, qui dès lors était déjà mon idole pourtant, comme sa mémoire l'est encore aujourd'hui au déclin de ma vie, donnant l'idée à mon vénérable père d'en demander la transmission pour mon frère Joseph, d'un an plus jeune, ce qui fut accordé; il mourut page en 1807.

Je rapporterai, à cette époque, une singulière circonstance, arrivée lors de ce malheur, d'autant plus vif pour nous, que mon frère annonçait un officier d'espérance et d'un grand avenir.

De Châlons nous fûmes tenir un moment garnison à Neuf-Brisach et Belfort, et prîmes des cantonnements dans les environs de Strasbourg et du Rhin, que nous franchîmes bientôt à Kell. Mes premières impressions de guerre furent excitées par une grande curiosité.

Admis, aussitôt que je passai officier, dans l'intimité

des officiers de tous grades, je fus bientôt placé sous leur bienveillance. Bien jeune alors, ils me disaient en riant : « Si tu n'es pas tué à la première affaire, nous te baptiserons à la troisième », ce qui eut lieu ; car je fus complimenté et embrassé, admis parmi ces braves, par les officiers et sous-officiers.

Reportons-nous à cette époque, et on jugera combien cette manière amicale devait électriser le cœur d'un jeune homme, et cimenter les liens de la famille militaire.

Alors les corps d'officiers exerçaient sur eux-mêmes une sorte de contrôle d'amour-propre, la garantie de tous et la cause de l'émulation de chacun ; on n'eût jamais voulu compromettre ses camarades, ni le numéro que portait un régiment. Un officier qui aurait pu avoir la pensée coupable de faire la moindre démarche pour lui, eût été renvoyé par ses camarades ; mais la pensée n'en venait à personne ; on attendait justice du temps et des bons services rendus. Aussi, arrivait-il un avancement ; c'était alors une fête pour tous, compris les sous-officiers, tant l'opinion éclairait les promotions, et non les lettres de recommandation, qui n'étaient pas alors en faveur.

Le général Bourcier, homme honorable par ses services et son âge, commandait notre division de dragons, et le général Laplanche la brigade dont notre régiment faisait partie.

Après la bataille d'Iéna, le 25ᵉ dragons passa à la division Becker, pour agir en Pologne, jusqu'au moment où le général Lorge en prit le commandement, pour aller plus tard en Espagne et en Portugal. Ces généraux étaient des plus recommandables par leurs services et leur expérience. A cette époque on attachait du prix aux anciens officiers et sous-officiers. L'empereur dit, dans ses Mémoires : « Le vaillant Guiseppi, chef de bataillon, commandait la 11ᵉ demi-brigade d'infanterie légère à l'armée d'Italie, sous Joubert. Cet officier, dont la réputation était faite depuis longtemps, et que l'ennemi avait si souvent apprécié, eut un bras emporté par un boulet ; il mourut quelques jours après à l'hôpital de Roveredo, après trente-deux ans de services et de gloire. »

Ces militaires ne songeaient qu'à servir la patrie sans songer à eux.

Le chef de brigade Laffons, âgé de soixante-dix ans, commandait la 51ᵉ demi-brigade de bataille ; ce vénérable guerrier reçut, pour dernière blessure, une balle qui lui traversa la cuisse, au passage célèbre du pont d'Arcole ; armée héroïque, et pour ainsi dire fabuleuse d'Italie !

Leur âge, comme on le voit, n'était pas un motif

d'exclusion du service; les officiers ne se retiraient que sur leur demande. Aussi voyait-on des militaires de tous grades mutilés, ayant des membres de moins, continuer leur service; il n'était pas rare de remarquer dans l'artillerie et la cavalerie des officiers amputés d'une jambe, et dans l'infanterie des amputés d'un bras. On ne remarquait de très-jeunes officiers que ceux qui sortaient de Saint-Cyr; il était beau de considérer que l'armée était aussi vieille de services que de gloire; leurs moustaches, aux plus jeunes, étaient remplies de poudre depuis plus de quinze ans. Aujourd'hui on entend dire que l'on veut rajeunir l'armée; erreur d'autant plus grande que ces mêmes militaires seront mis à leur tour au repos dans la force de l'âge, et avant d'avoir pu rendre des services réels; peu d'hommes peuvent devancer l'expérience, et avoir les vertus nécessaires au commandement, qui demande la sagesse; cela paraît peu sensible dans la vie de paix et de garnison; mais on on a vu l'importance d'officiers expérimentés dans la terrible guerre d'Espagne, sous l'empire, ou chaque officier était souvent livré à lui-même. Il est vrai qu'avec un système de paix durable quand même, cette question importe peu quant à présent, et l'on objectera que ces guerres formidables de la république et de l'empire ne se représenteront plus. C'est désirable sans doute, si l'honneur n'en souffre pas, pour la prospérité des peuples ; mais qui peut prévoir et maîtriser l'avenir.

L'Afrique, dira-t-on, est une école ; mais il est douteux pour beaucoup qu'elle soit bonne ; si on pouvait en changer le théâtre, ce serait visible pour tous. Bien que l'armée fera toujours valeureusement son devoir, il ne s'ensuit pas, parce que l'on crée un duc d'Isly, pour une affaire ou trente-huit hommes ont été tués, que ce soit un événement de guerre instructif à pouvoir assimiler aux batailles, combats et escarmouches de l'Europe, les affaires d'Afrique ne seront toujours que des escarmouches stériles pour la gloire ; il est vrai que la nation française en a surabondamment ; mais cette guerre de razzias sera toujours peu digne de la valeur et de la générosité française. Pour plusieurs, le beau côté de cette guerre de razzias est du côté d'Abdel-Kader, à propos duquel, jusqu'à ce jour, on s'est fait illusion sur sa prétendue ruine ; son nom remue, et remuera toujours toutes les populations avec une magique facilité ; c'est s'abuser que de faire croire à chaque instant à la fin de son influence et de cette guerre ; et pourtant ils n'ont rien à nous opposer, absolument rien ; ils n'ont pas, comme nous, une armée immense dont le chiffre s'élève, sur la surface de l'Afrique, à près de 91,000 hommes, dont 37,000 dans la division d'Alger, 29,000 dans la division d'Oran, et 24,500 dans la division de Constantine ; les officiers sont compris dans ce nombre : il faut en déduire 13,000 dans les hôpitaux et en congé.

L'effectif des chevaux est de 16,000, et celui des mulets de 5,000 ; bien organisée en infanterie, artillerie, génie, cavalerie, armée instruite et civilisée. Le tort d'Abdel-Kader, et c'est fort heureux pour nous, est de livrer des escarmouches ; s'il se retirait à notre approche, nous suivait et nous harcelait lorsque nous nous retirons, il en tirerait un parti dont nous aurions bientôt à nous lasser. Les cosaques, mieux armés que les Arabes, ne nous attendaient jamais : leur activité nous fatiguait assez.

L'Empereur hésitait à nommer des maréchaux de l'empire, ce qui était bien autre chose que des maréchaux de France, bien qu'il y eût 25,000 hommes morts sur le champ de bataille. Il disait avec raison que ce n'était pas lui qui les nommait ; que c'était les victoires importantes. Que l'on lise les faits de guerre depuis la révolution française de 89, on verra avec quelle modestie on récompensait les braves, qui se trouvaient toujours assez l'être ; mais celle-ci est une ère nouvelle où l'on veut à tout prix faire des motifs à l'avancement et des créatures : triste et mauvais système qui ne peut avoir qu'un certain temps, et ne satisfera même pas nos deux générations : être cité à *l'ordre du jour* était autrefois la plus noble des récompenses, et conséquemment la plus appréciée.

Je passai ma première enfance en Hollande ; à sept ans je fus conduit en Belgique, et j'entrai dans un collége de Bruxelles, où je restai jusqu'à mon entrée au service. Pendant sept ans je n'y vis ni parents ni amis ; mon bon père était aux armées. Je me rappelle encore aujourd'hui les sensations dont nos jeunes cœurs palpitaient à chaque victoire de la république, que nous annonçait le bourdon de Saint-Guedult.

En 1800, mon père me fit venir à Paris pour y passer une dizaine de jours avec lui ; mais l'ordre qu'il reçut de partir sur-le-champ pour l'armée d'Italie nous sépara aussitôt. Je n'ai pu, depuis, mettre en oubli une circonstance qui peint bien cette grande époque : le capitaine Clerc, alors aux sapeurs du génie, officier d'une rare modestie et d'une grande érudition, qui refusa toujours son avancement, depuis professeur de l'Ecole d'application à Metz, habitait la même maison. Mon père, pressé par son départ subit, me tenant par la main, lui dit : « Clerc, je viens t'embrasser et te dire adieu ; j'attends des chevaux de poste ; je te laisse mon fils : si je suis tué, tu en hériteras ; si je reviens, tu me le rendras » : mon père partit.

Je connus alors, en même temps, un ami du capitaine Clerc, bien digne homme aussi, le capitaine Thomas, qui, sans fortune que ses talents, quitta le service ; il était habile paysagiste, de la même arme, mêmes mœurs simples et douces. Quelques personnes lui donnèrent à penser qu'en refusant toujours son avancement, il paralysait celui de ses camarades ; il donna aussitôt sa démission. Cette délicatesse et ce désintéressement sont rares ; ces deux types sont même, je crois, introuvables à cette heure ; alors ils se reproduisaient souvent, et on pourrait en citer bien des exemples, témoins les regrets qu'éprouva le général Cochoix, d'être obligé de quitter son régiment de carabiniers (le 2ᵉ). Il était bon et humain ; ce fut un deuil pour ses camarades : enfin, à la seconde fois, l'Empereur ayant nommé à sa place le prince Borghèse, il dut céder son régiment et accepter son avancement ; il a depuis terminé sa carrière à Nancy, où il est mort estimé, ainsi qu'il devait l'être.

Le couronnement de l'Empereur avait eu lieu le 2 décembre 1804 ; au mois de mai 1805, il se rendit à Milan, appelé par les vœux de la Lombardie, qui lui décerna la seconde couronne de Charlemagne (la couronne de fer). C'est en la plaçant sur sa tête qu'on lui entendit dire : *Dieu me la donne, gare à qui la touche !*

Au mois d'octobre même année, eut lieu la reddition

d'Ulm, où mon régiment assista glorieusement, après avoir pris part aux combats sanglants, mais illustres, d'Elchingen et de Kuntzbourg. La marche rapide des succès de cette campagne ne permit pas à l'Empereur de séjourner à Vienne. Le **19** novembre, un mois après la capitulation d'Ulm, il chassait les Russes de Brunn, et manœuvrait de manière à remporter sur eux et les Autrichiens réunis, l'immortelle bataille d'Austerlitz, dite *des Trois Empereurs,* le **2** décembre, jour anniversaire de son couronnement. Ce ne fut que tardivement que l'on s'aperçut des dangers de plusieurs marches aussi pénibles qu'extraordinaires, telle que celle d'une marche par une nuit des plus sombres dans des marais où mon régiment perdit plusieurs hommes et quelques chevaux, pour déboucher sur Kuntzbourg. Quelques croix, mais en bien petite quantité, furent accordées à l'armée ; alors on n'en était pas prodigue. Le général de division Bourcier crut devoir me proposer à l'Empereur pour être arrivé, le premier du régiment, à la bataille d'Austerlitz, sur une batterie russe de six pièces de canons qui demeurèrent en notre pouvoir. Je ne dus de devancer les quelques hommes qui arrivèrent après moi, qu'à la bonté et à la vitesse de mon cheval ; je m'empressai de le dire à mes bons camarades, qui en étaient plus heureux que moi. Arrivé au milieu de ces pièces, je crus devoir sauver la vie à un canonnier russe qui avait fait partir un coup à mitraille lorsque nous étions déjà maîtres de la batterie. Un de mes hommes fortement excité voulut le tuer ; je l'en empêchai, excusant l'action de ce Russe sur une exaltation bien excusable. Le général Bourcier ayant su cette dernière circonstance de la bouche même du dragon, me dit : « Vous aurez la croix, car vous en méritez deux. » Alors on ne tuait pas pour le plaisir sanguinaire de tuer ; on comprenait que l'humanité pouvait s'allier au devoir, ce qui n'a pas toujours été compris en Afrique par plusieurs....

Le soir d'Austerlitz, les Russes ne firent point leur retraite en très-bon ordre ; tout leur parc d'artillerie fut pris ; les débris de leur armée qui échappèrent se sauvèrent, l'infanterie en abandonnant ses sacs et ses armes.

L'empereur Alexandre, cerné dans Hœlich, eût été fait prisonnier, s'il ne se fût engagé à évacuer la Hongrie par la route d'étapes qui lui fut tracée par l'armistice ; bientôt après la paix se fit. La générosité de Napoléon sauva Alexandre et son armée, en lui permettant de se retirer, lorsqu'il aurait pu l'anéantir.

Nous prîmes des cantonnements en Autriche pendant le reste de l'hiver. Le printemps de 1806 nous trouva cantonnés dans la principauté d'Anspach ; et le 14 octobre de cette année nous vit remporter sur les Prussiens la bataille d'Iéna, que les Prussiens désignent sous le nom d'Auerstadt. Mais le combat que soutint dans cette journée le maréchal Davoust, eut lieu à l'entrée du défilé et des gorges de Kœsen, où le 3ᵉ corps, qu'il commandait, n'ayant que 30,000 hommes, battit 60,000 Prussiens, commandés par le roi ; le maréchal Davoust s'y couvrit d'une gloire immortelle, et ce combat porta au plus haut point la réputation de l'infanterie française, sous l'Empire la première du monde.

Nous verrons plus loin, en Russie, Davoust, à Mohilow, avec 12,000 hommes battre 35,000 Russes.

C'est avant de commencer cette campagne que l'Empereur, visitant un jour une église à Cronach, après avoir visité la citadelle, dit à l'interprète de demander au curé depuis quand l'église était bâtie, et par qui elle avait été fondée. Le curé n'ayant pu satisfaire à cette demande, répondit *ich weis es nicht*, je n'en sais rien. Napoléon, en souriant, répliqua : « Dites à monsieur le curé qu'il n'est pas joli à un mari de ne pas savoir l'âge de sa femme. »

Cette campagne mémorable fut aussi rapide que la précédente. Le 9 octobre, au début, les Prussiens furent défaits à Scheitz ; le 10 eut lieu le combat de Saufels, où le prince Louis de Prusse, neveu du roi, et qui commandait le corps d'armée, fut tué par un maréchal-des-logis du 10e hussards, dont j'ai oublié le nom, qui lui criait de se rendre : pour réponse le prince le sabra et succomba.

Le 14, l'armée entière fut anéantie, et le royaume de Prusse disparut en huit jours ; chaque combat fut autant de triomphes pour Napoléon ; le reste de la campagne ne fut qu'une série de désastres pour la Prusse. La reine avait failli être prise à léna, elle dut à la rapidité de son cheval de pouvoir s'échapper.

Le 27 du même mois, l'Empereur fit son entrée dans Berlin ; deux jours avant, en traversant Postdam, il visita le tombeau de Frédéric ; l'épée, le cordon de ses ordres, sa ceinture, les drapeaux de sa garde durant la guerre de Sept-Ans, furent envoyés à Paris.

Les 6 et 7 novembre, Blücher est atteint à Lubeck, et forcé de mettre bas les armes avec onze généraux, 518 officiers, 20,000 hommes, 4,000 chevaux, et un matériel considérable, qui défilèrent devant nous.

Notre division, arrivée la première, et poursuivant vivement les Prussiens depuis léna, avait reçu ordre de mettre pied à terre pour les attaquer, lorsqu'à peine formée, l'infanterie arriva. Dans une autre circonstance, au passage de l'Elbe, à Tangermunden, elle eut occasion de combattre à pied, et de débusquer l'arrière-garde ennemie d'un bois ; nous eûmes plusieurs tués et blessés, dont quelques officiers.

Le passage de l'Elbe sur ce point se fit dans la nuit ; un pont volant servait à transporter un peloton. Quelques chevaux ayant été effrayés firent un mouvement si brusque, que je fus jeté dans l'Elbe ; soutenu sur l'eau par mon manteau, j'eus le temps de demander une corde, au moyen de laquelle je fus bientôt sur le pont. Depuis lors l'armée n'eut pas toujours ces moyens de passer les rivières ; aussi ai-je cru devoir en faire faire des théories-pratiques. Là où j'ai commandé, en France et en Afrique, j'ai trouvé des officiers supérieurs qui ignoraient totalement cette instruction, qui se borne, selon la rapidité du courant, à lui opposer une masse sur laquelle il ait le moins de prise possible sur les fractions ; ainsi, les encaissements des rivières ne s'y opposant pas, on fera exécuter ces passages par pelotons ou divisions, en établissant la nuit un feu sur chaque rive, comme point de direction.

Le mois de novembre voit la défaite du reste de l'armée prussienne ; 16,000 hommes, gardes ou grenadiers, commandés par le prince de Hohenlohe, mettent bas les armes à Prentzlow, et le lendemain 5,000 autres. C'est alors que le général Lasalle, à la tête de 1200 chevaux, fait capituler la forte ville de Stétin.

Ce même mois de novembre voit tomber au pouvoir de l'armée française 4,000 hommes à Andlow, autant à

Kustrin, avec cent pièces de canon. Cette campagne se continua en Pologne, où elle fut rude par l'intempéri e de la saison, contre les Russes et les débris des Prussiens réunis. Elle produisit les combats de Czernowo, de Naseilsk, aux passages de l'Urka et de la Sonna, à Golymin et à Putulsk, où mon régiment, 25ᵉ dragons, se couvrit de gloire. Les combats de Bergfried, de Waterdorff, de Deppen et de Hoffen attestent notre supériorité sur les Russes, déjà acquise en Suisse par Masséna, *l'Enfant chéri de la Victoire,* et à Austerlitz par Napoléon. Ces combats, qui peuvent passer pour des batailles, furent suivis de la sanglante bataille de Prusch-Eylau, qui eut lieu le 10 février 1807, où les Russes, malgré des prodiges de valeur, firent une perte immense ; nous eûmes aussi beaucoup à souffrir, car ce glorieux succès nous fut chèrement obtenu : la conséquence de cette journée fut l'abandon du champ de bataille par les Russes, et la prise de Dantzick, qui capitula le 20 mai.

Je ne puis laisser ignorer, dans la poursuite par l'armée, un succès obtenu par mon régiment, avant son entrée en Pologne, où je fus assez heureux pour me distinguer : le régiment, réduit à quatre faibles escadrons, joignit, à Alberstadt, dans la vieille Prusse, 1,000 hommes de cavalerie, presqu'en totalité de hussards poméraniens, à la bride des chevaux ornée de coquillages. Ces nombreux escadrons paraissaient nous attendre résolument dans une plaine en arrière de la ville, que nous traversâmes pour les joindre. A la sortie, le régiment, sans s'arrêter, forma ses escadrons, et arriva en ligne à la distance convenable pour la charge, laissant un escadron de réserve ; au moment où nous allions atteindre l'ennemi, un ravin fort profond arrêta forcément l'élan. Au même instant nous fûmes salués par un feu de carabine à demi-portée. Pour toute réponse à ce feu, je franchis le ravin en faisant un appel aux grenadiers de la compagnie d'élite où j'étais sous-lieutenant ; une dixaine d'hommes le franchirent ; le reste en fut empêché par l'obstacle et par ordre. L'ennemi voyant ces quelques hommes aller à lui, crut sans doute que tout le corps allait suivre, et une terreur panique s'emparant d'eux, les fit fuir dans le plus grand désordre ; enfin, ils se paralysèrent tous leurs moyens de défense, en prenant un chemin étroit bordé de profonds fossés des deux côtés ; prenant ce même chemin au milieu de leur colonne par deux, chaque coup de pointe donné à gauche et à droite jetaient deux hommes dans les fossés, si le choc de nos chevaux ne les y avaient déjà précipités. Mes dix hommes n'abandonnèrent la charge que lorsque nos chevaux perdirent le souffle ; force me fut de les laisser respirer un quart-d'heure, avant de pouvoir songer à rejoindre mon

régiment. Notre poursuite avait duré deux heures. Plusieurs de leurs chevaux, forcés, tombèrent morts ; plus
de soixante hommes gisaient sur le chemin ou à côté ;
nous ramenâmes une centaine de prisonniers avec leurs
chevaux, presque tous fourbus. Après plus de deux
heures d'absence, nous rejoignîmes le corps. Je fus complimenté, et puni de vingt-quatre heures d'arrêts à la
garde du bivouac, par le brave commandant Dumolard,
qui commandait le régiment, pour avoir agi sans ordre.
Ce digne militaire fut depuis amputé d'un bras en Espagne. Mes camarades eurent la permission de m'y venir
voir, et me félicitèrent en buvant quelques rasades de
vin chaud, toujours à la santé de l'Empereur. Rapport
de cette affaire fut fait au brillant prince Murat, ainsi
qu'au major-général ; elle me valut d'être fait lieutenant.
Le 21 novembre 1806, après avoir passé la revue de
l'Empereur, à Berlin, il fit mettre pied à terre et
former le bataillon ; je reçus l'ordre de commander le
maniement des armes ; mais à peine commencé, l'Empereur me dit : *Abrégez, passez de suite aux mouvements de
guerre, croisez la baïonnette !* ce qu'il me fit répéter trois
fois, en disant *c'est bien. A Marbœuf.* Tout aussitôt il lui
dit : *Les feux de deux rangs.* A peine finis, il dit : *A cheval !*
C'est à ce moment que le chef de corps s'aperçut qu'il
avait oublié à l'avancement les deux adjudants sous-offi-

ciers qui méritaient la priorité sur ceux nommés un instant avant, par leurs services, leur conduite et leur bravoure ; puisque l'un d'eux, nommé Adam, était porteur d'une arme d'honneur obtenue au temps de la République, retiré aujourd'hui à Château-Renaud, capitaine de la garde impériale. Le chef s'appprocha de l'Empereur, avoua sa faute ; et Napoléon, voulant s'amuser de son cruel embarras, lui dit : « Comment voulez-vous que je les nomme, puisque vous n'avez plus de vacances. » Sur une nouvelle instance, il dit : « Je les nomme officiers ; et vous, ajouta-t-il en souriant, vous vous chargez donc de les faire tuer, puisqu'ils sont en trop. » — « Tous à l'envi l'un de l'autre, répondit le colonel, pour le service de Votre Majesté, vous ne pouvez l'ignorer. » Ce sentiment était vrai ; que de guerriers alors mouraient avec dévouement pour lui ; on en pourrait trouver des démonstrations sur tous les champs de gloire.

Ce qu'il y a de remarquable dans cette erreur du chef du régiment, et ce qui prouve le véritable et délicat esprit militaire de cette époque, c'est que ces deux adjudants n'en faisaient à personne la moindre observation. Si, au moment du défilé, le colonel ne s'était pas aperçu de son oubli, l'avancement de ces deux braves d'élite était ajourné pour longtemps.

C'est à cette même revue que l'on put s'apercevoir

combien l'Empereur tenait à conserver un ancien officier:
un capitaine d'infanterie s'adressant à Napoléon, lui dit
qu'il le priait de vouloir bien permettre qu'il demandât
à se retirer, quoiqu'en campagne, attendu que, malgré
lui, il ne pouvait plus qu'à grand'peine supporter les
marches forcées qui dans ces guerres avaient lieu jour et
nuit sans prendre quelque repos, l'officier d'infanterie
portant ses vivres et ses vêtements. L'Empereur interro-
geant le colonel sur le compte de cet officier, apprit que
c'était un très-brave guerrier criblé de blessures. Appelant alors le major-général Berthier par son nom, voyant
à une certaine distance le 22ᵉ dragons, qui faisait partie de
la division, lui donna l'ordre d'y placer ce brave capitaine,
qui n'avait, à plus de cinquante ans, jamais peut-être monté
à cheval : « Je n'aime pas à perdre un bon officier, lui
dit l'Empereur, rejoignez ce régiment » (en le lui montrant de la main). Cet officier en dut prendre son parti,
et nous le vîmes même assez longtemps dans son uni-
forme d'infanterie, à la tête de sa compagnie : je re-
grette bien d'avoir oublié son nom, je l'eusse consigné
ici avec plaisir.

Arrivée en Pologne, l'armée prit quelques cantonnements fort pénibles; notre division occupa la presqu'île
d'Ostrolenka, alors sous les ordres du général Becker.
Pendant ce dur hiver, lorsque nous étions attaqués par

les cosaques ou la cavalerie légère russe dans nos villages, que nous avions eu soin de barricader par des charrettes, des arbres et des fossés, nous chassions l'ennemi à coups de fusils, sans monter à cheval, placés derrière nos abris : les cantonnements voisins, qui n'étaient pas attaqués, montaient à cheval et accouraient vers la fusillade.

Le 16 février 1807 eut lieu la bataille opiniâtre d'Ostrolenka, où les Russes triplèrent leur valeur et par trois fois s'emparèrent des premières maisons, sans pouvoir se rendre maîtres de la ville. Enfin, repoussés sur plusieurs points, on dut à mon valeureux père, le général Rigau, qui commandait des dragons, le succès de cette journée ; il décida la victoire par les brillantes charges qu'il dirigea, et où il fut blessé d'un coup de feu pour la cinquième fois. Je fus assez heureux pour arrêter et retourner son cheval, qu'il ne pouvait plus diriger, et qui l'emportait au milieu des Russes.

C'est le soir de cette journée que le maréchal Oudinot, le visitant sur la paille où il reposait, lui demanda s'il avait décidé de tomber en lambeaux. A cette bataille le général Campana perdit la vie.

Pendant ce temps, j'étais tourmenté de la fièvre scarlatine, qui depuis quinze jours me dévorait ; invité plusieurs fois à me retirer, j'eus à me féliciter d'avoir résisté, puisque j'avais été utile à mon père.

Les hostilités, qui pendant le fort de cet hiver n'avaient pas entièrement cessé, reprirent avec une nouvelle force à l'approche du printemps, et déjà le 5 juin les Russes et les Prussiens étaient battus à Spandaw, à Lomitten ; le 9, Glucstadt tomba en notre pouvoir, enlevée de vive force.

L'Empereur continue à se porter en avant, et le lendemain le mouvement est continué sur Heilsberg, où l'armée entra le 12 à la pointe du jour. Ces glorieux combats pâlissent et sont éclipsés devant la célèbre bataille de Friedland, fort bien décrite par M. Derode, qui eut lieu le 14 juin, anniversaire de l'immortelle bataille de Marengo. Son résultat fut l'entrevue des empereurs à Tilsit, où un armistice fut signé le 20 juin 1807, la paix le 7 juillet. L'Empereur était de retour à Saint-Cloud le 27 du même mois.

Si l'on rapproche les dates de tous les faits glorieux d'alors, qui pendant son règne éblouirent le monde, on est presque tenté de croire à une sorte de magie : l'avenir s'étonnera que la terre ait produit un génie si prodigieux, et accordé en même temps les hommes extraordinaires qui partagèrent ses illustres travaux.

C'est dans l'hiver de 1807 que j'appris la mort de mon frère Joseph, page de l'Empereur, et voici comment :

Le hasard peut quelquefois donner une importance

aux croyances des âmes faibles : un nécromancien étranger venait d'arriver à Paris, et avait la vogue, comme tout ce qui est nouveau dans cette ville capricieuse; Mademoiselle Lenormand fut un instant ajournée. La bonne et excellente impératrice Joséphine, qui aimait à consulter l'avenir, désira entendre cet homme; mon frère fut chargé de l'aller chercher, et l'on comprend que leur connaissance fut bientôt faite. Avant d'arriver au palais, il lui recommanda de ne pas affliger l'impératrice; il paraît cependant qu'il ne lui dit rien de bien rassurant. A sa sortie, mon frère se trouvant sur son passage, lui dit : « Veuillez donc me dire aussi ma bonne aventure. » — « Bien volontiers; ouvrez-moi votre main. » A l'inspection qu'il en fit assez lestement, il lui prédit un nom historique, de la fortune et du bonheur. — « Ah ! dit mon frère en riant, j'y compte. » — « Vous pouvez y compter, répliqua-t-il, mais pour cela il faut que vous passiez la semaine. » C'est le lundi que cela se passait; le vendredi mon frère mourut subitement. On ne l'avait jamais vu plus gai; il avait pris le matin sa leçon de manége.

Cet homme n'a peut-être jamais su la suite de sa prédiction, qui aurait augmenté sa vogue et sa confiance. Toutefois, la bonne impératrice, affectée de cette mort, fit prendre des informations ; on n'en entendit jamais parler ; il avait disparu : était-ce crainte, ou plutôt hasard ?

Après la paix de Tilsit, l'armée prit des cantonne-ments ; notre division de dragons vint prendre les siens en Silésie, sur l'Oder, où je faillis périr en me baignant avec mes camarades. Un pêcheur de la jolie petite ville d'Oppeln, où nous étions cantonnés, me sauva la vie : père de famille, il se croyait offensé à la moindre offre ou expression de gratitude ; on ne vit jamais tant de bontés, ni des mœurs plus patriarcales que dans cette intéressante et pauvre famille, que je visitais souvent, et dont le souvenir me touche encore aujourd'hui, alors que j'ai la certitude qu'elle n'existe plus : ce doit être à présent une famille d'anges entourant Dieu.

A cette époque je visitais souvent le comte de Hauguewitz premier ministre de Prusse, retiré, vénérable vieillard qui m'honorait de sa bienveillance, et dont la terre se trouvait à peu de distance ; sa bonté était infinie ; car il se plaignait à moi de quelques statues mutilées par l'inadvertance d'un amateur de tir au pistolet cantonné dans sa propriété, sans vouloir le faire supprimer. Il était riche, plus qu'indifférent pour l'argent, blasé sur les distinctions, et par cette raison plus fait que d'autres pour une place entourée de piéges. Il avait apporté dans la sienne des qualités précieuses, un coup-d'œil parfait, un calme imperturbable, et l'art de persuader. Il y a eu dans l'histoire de ce royaume de beaux moments qui lui sont dûs. Cependant, jamais ministre ne fut moins apprécié ; on l'a dit sans énergie, parce qu'il était sage, prudent ; et faux, parce qu'il était maître de lui. Il a été abreuvé d'amertumes pour avoir jugé le temps et voulu reculer l'époque de la chute du royaume. Sa résignation était parfaite : sa philosophie douce et éclairée lui faisait comprendre que les malheurs de sa patrie altéraient le jugement de ses compatriotes, et que l'histoire, plus sage, lui rendrait justice.

La Prusse, fort douteuse, était restée spectatrice pendant la campagne d'Autriche ; elle avait, en septembre, pendant que l'armée française marchait d'Ulm à Vienne, signé la fameuse convention de Postdam, adhéré éventuellement à la coalition de la Russie, de l'Autriche et de l'Angleterre ; elle avait juré une haine aveugle à la France sur le tombeau du Grand Frédéric. Deux jours avant la bataille d'Austerlitz, en décembre 1805, le comte de Haugewitz se rendit à Brunn en Moravie ; il m'a rapporté dans ses causeries amicales qu'il eut deux audiences de Napoléon sans pouvoir lui parler d'affaires. Il lui dit dans la dernière de l'aller attendre à Vienne : « Je vais bientôt battre les Russes et les Autrichiens ; ne me dites rien ici ; je ne veux rien savoir ici. » La bataille gagnée, ainsi qu'il l'avait prédit, la Prusse renonça, le

15 décembre du même mois, à la convention de Vienne, au traité de Postdam et au fameux serment du tombeau. Elle céda alors Wesel, Bayreuth, Neufchâtel à la France, qui, par contre, consentit à ce que Frédéric-Guillaume s'emparât du Hanovre, et le réunît à son royaume. Il n'est pas douteux que si l'armée française eût éprouvé un revers en Moravie, elle ne l'eût attaquée sur-le-champ ; car, lorsque le comte de Hauguewitz complimenta l'Empereur à Vienne au nom de son souverain, il lui répondit en riant : « Voilà, monsieur le comte, un compliment dont la fortune a changé l'adresse. »

Enfin il fallut renoncer au repos dont nous commencions à nous fatiguer, quitter l'Allemagne, et traverser la France sous des arcs de triomphe, pour nous rendre en Espagne à la rencontre des Anglais, que nous ne pûmes atteindre qu'aux environs de Lugo, où leur arrière-garde fut mise dans une déroute complète. Cette retraite jusqu'à la Corogne, où leur dessein était de s'embarquer, leur coûta 10,000 hommes, 10,000 chevaux, leur artillerie, leurs magasins et leur caisse militaire, qui tomba entre les mains de la division Lahoussaye.

Le combat de la Corogne eut lieu le 16 novembre ; la position de l'armée anglaise était formidable ; les Français, commandés par le maréchal Soult, attaquèrent à deux heures après-midi ; il fut opiniâtre et dura jusqu'à la nuit.

Le général anglais Moor, qui commandait l'armée, périt sur le champ de bataille avec 5,000 des siens ; le général Baird perdit un bras, et le commandement de l'armée dut passer sous les ordres du général Hope, qui profita des ténèbres de la nuit pour abriter ses débris dans la Corogne. Pour accélérer aux troupes françaises la reddition et l'entrée de la ville, le maréchal Soult fit placer dans cette même nuit, sur une hauteur qui domine la ville et la rade, une batterie qui commença son feu au point du jour contre les quais, où les troupes anglaises étaient assises avec sécurité, attendant leur tour d'embarquement : cette canonnade dut leur être des plus douloureuses à supporter pendant l'embarquement, qui dura plusieurs heures ; comme tout les coups portaient, il est facile de se figurer le désespoir, les cris des blessés, le bruit de la confusion et du désordre de cet imposant et tout à la fois bien triste spectacle.

L'armée anglaise sortie de la rade, l'armée française entra dans la ville, dont les habitants ouvrirent les portes, et trouva leurs chevaux tués dans les fossés.

La présence de l'Empereur ayant été un moment nécessaire en Espagne, il dut la quitter pour répondre à l'insolente agression de l'Autriche, qui bientôt eut sujet de s'en repentir : mais on connaît le caractère punique de la cour de Vienne, dont le cabinet n'apporta jamais de bonne foi dans ses traités avec la France ; on ne peut oublier la violation du traité de Campo-Formio, et la fin tragique de nos ministres-plénipotentiaires à Rastadt.

Après la prise de la Corogne, l'armée continua ses opérations sur le Férol, qui ouvrit bientôt ses portes à nos troupes. Pendant l'investissement, je fus visiter un officier-supérieur (aujourd'hui officier-général en retraite) d'un régiment d'infanterie de la division Mermet ; j'arrivais dans le moment où le canon enlevait quelques grenadiers du 47e régiment. Le général, croyant que je lui portais des ordres, me fit appeler par un aide-de-camp ; désabusé, il m'engagea à ne pas prolonger près de mon camarade une visite dangereuse sans utilité : peu après le drapeau pacifique fut hissé sur la ville.

Je visitai le port avec un vif intérêt, et fus frappé de sa beauté.

L'armée fit ensuite ses dispositions pour opérer en Portugal, et son premier mouvement fut de se diriger sur Saint-Jacques de Compostelle, pour continuer ensuite ses opérations par la belle vallée du Minhio, jusqu'à Oporto ; tous les combats, jusque là, nous furent favorables ; mais cette guerre, ainsi que celle d'Espagne, avait un caractère d'énergie cruelle de la part des habitants, et rendait nos communications, sinon impossibles, toujours dangereuses et des plus difficiles. Après avoir séjourné un mois à

Oporto, on fut obligé d'abandonner cette province, et
de rentrer en Espagne. Notre retraite fut des plus extraordinaires, à travers des ravins et des contrées sans
routes ni chemins. Me trouvant à l'arrière-garde, un pont
des plus frêles avait été jeté d'un ravin à l'autre, au-dessus d'un précipice dont on n'apercevait pas la profondeur; les Anglais, malgré la belle défense du 15e régiment d'infanterie légère, à l'arrière-garde, mitraillaient
ce pont de leur position, et y jetaient quelque désordre;
un officier d'état-major voulut le passer malgré mes
avis, lui conseillant d'attendre que la foule fût un peu
dissipée et le calme rétabli. Ne tenant aucun compte de
mes observations, il disparut; je le crus passé; la nuit
venue, je le traversai avec le brave régiment d'arrière-
garde. Le lendemain, apercevant des soldats qui portaient un blessé, j'appris par eux que c'était cet officier
qui, la veille, avait voulu couper la colonne pour passer
le pont, et qui par la foule avait été jeté, ainsi que
son cheval, dans la profondeur du précipice, où des
pâtres humains l'avaient ramassé dans un état déplorable,
et porté sur la direction que parcourait l'armée; il me
reconnut à la voix, et me confirma ce récit, en regrettant
bien tardivement de ne pas avoir suivi mes avis : il eut
le bonheur de se rétablir tant bien que mal, et est mort,
il y a quelque temps, lieutenant-colonel de gendarmerie
à Moulins, d'une mort affreuse.

Pendant la campagne de Portugal, le maréchal Soult était autorisé par l'Empereur à nommer aux emplois vacants ; les besoins du service s'étant impérieusement fait sentir, il dut y suppléer, et je fus promu capitaine le 1er juin 1809 , et confirmé par l'Empereur. Placé au 47e régiment d'infanterie, où je continuai la campagne, nous débouchâmes sur Lugo : malade et fatigué par la dyssenterie, obligé de rester en arrière, je perdis le chemin de la colonne; contraint de demander ma direction, j'aperçus quelques maisons éparses fermées, je frappai à l'une d'elles ; une vieille femme vint en me disant, rayonnante de joie : *Son Engleses* (vous êtes Anglais?) Sans avoir l'air de remarquer sa méprise, je lui demandai le *camina de Lugo*. — « Mais les Français y sont, ajouta-t-elle. » — « C'est pour cela que nous y allons, pour les prendre. » — « Non, dit-elle, il ne faut pas les prendre; il faut tous les tuer! » Ceci doit donner au lecteur l'idée de la position critique où je me trouvais, ainsi que des dispositions pour nous de ces populations excitées par leurs prêtres, qui nous faisaient passer pour des mécréants. Je dus la méprise qui me sauva sans doute la vie à un cheval gris anglais que je montais, et au mauvais temps, qui m'avait forcé de couvrir mon schako et garder mon manteau. Elle alla chercher son fils, qui, après un court examen, me dit :

« Marchons ! » Pendant le trajet, je lui inspirai bientôt assez de confiance pour recevoir ses confidences ; et, me montrant un couteau, il me fit le récit de ses cruels exploits sur nos malades et isolés, épuisés. Tout après je vis sa figure, si expressive, se changer, et vis de suite qu'il avait reconnu les troupes françaises ; son agitation devint extrême, au point que, sans la moindre crainte, il me reprocha de l'avoir trompé, abusé ; qu'il savait bien qu'il allait mourir, mais qu'il voulait au moins me reprocher ma perfidie vis-à-vis de lui. Je parvins cependant, non sans peine, à le calmer, et l'assurai qu'il ne lui serait fait aucun mal ; que je ne mettrais pas en oubli le service qu'il m'avait rendu. J'aurais pu le renvoyer de suite ; mais je savais que nous manquions de guide, et j'étais bien aise, par de bons traitements, de le faire revenir sur les idées fausses qu'on lui avait données sur notre humanité. Enfin, un jour, je lui dis, au moment qu'il s'y attendait le moins, qu'il était libre de retourner près de sa vieille mère ; je ne vis jamais d'homme plus surpris, plus satisfait, plus heureux. « Seulement, lui dis-je, si vous rencontrez encore de nos soldats, faites comme j'ai fait avec vous ; traitez-les bien. » Il me quitta les larmes aux yeux, et d'une main serrant la mienne, il la porta sur son cœur.

Notre arrivée à Lugo débloqua la ville, où étaient

renfermées nos troupes, commandées par le général
Fournier, entouré par une armée de paysans exaltés, di-
rigés par des prêtres. Je fis la triste réflexion que lorsque
Napoléon, dans un court espace, avait présidé aux affaires
de la Péninsule, la victoire avait toujours été fidèle à nos
armes ; sa présence faisait taire les rivalités, et donnait à
la guerre cet ensemble et vigoureuse impulsion qui est le
positif de l'unité des mouvements. Il était alors facile de
prévoir que la mésintelligence, trop commune en tous
temps des généraux, gâterait tout par leur jalousie ; mais
l'Empereur, retenu en Allemagne, se trouva forcé d'en
courir les chances, qu'il aurait toutefois réparés lui-
même, sans nos malheurs du nord.

La campagne de Portugal terminée, je fus nommé
aide-de-camp de mon père, qui commandait sur la Sarre ;
je dus me rendre auprès de lui, fort malade par suite
de fatigues. Je profitai d'un convoi pour renter en France,
et m'entendis avec un muletier espagnol pour me transporter jusqu'à Irun. Un soir, arrivé à l'étape, je dis à mon
domestique de le surveiller, dans la crainte qu'il ne
remplît point ses engagements, et ne s'enfuît. Je ne
pensais pas être entendu par lui, de sorte qu'un instant
après il vint se plaindre de mon manque de confiance,
en me disant avec une forte exaltation : « Apprenez,

signor cavaliero, qu'avant que Molitor (c'était son nom)
manque à sa parole, le soleil dans son cours s'arrê-
tera. » Fort irrité contre moi, je parvins cependant à
lui faire entendre raison, m'excusant sur ma maladie et
mes regrets de l'avoir offensé. Le fait est que j'étais dé-
solé de l'avoir blessé sans motif et sans le vouloir; puisque je n'avais qu'à me louer de lui. Je fis ce que je pus
pour le lui faire oublier; j'eus la satisfaction d'y être parvenu ; car à mes bons procédés il en ajouta de meilleurs,
en voulant forcément me conduire jusqu'à Dax, où nous
nous séparâmes cordialement.

Les soins d'amis que je trouvai dans cette ville, au
milieu de l'excellente famille Valette, où je restai un
mois, m'eurent bientôt rendu assez de force et de santé
pour me rendre à Trèves, mon nouveau poste. Je quittai
cette bonne famille, pénétré d'une bien vive reconnaissance ; et le bonheur de voir mon père, que j'aime encore comme s'il vivait, contribua puissamment à ma
prompte et parfaite guérison.

J'avais vingt ans lorsque je revins près de lui, mûri
par l'action de six années de grande guerre. J'avais
vieilli pour la réflexion : l'expérience que j'avais acquise,
la connaissance d'hommes d'élite dont j'avais mérité l'a-
mitié, ne me laissaient rien à désirer ; j'en étais au sommet
de mon ambition ; et si depuis il me fallut continuer, je

ne me suis pas plus occupé de mon avenir que je ne l'avais déjà fait; j'ai toujours été étonné à chaque grade que je recevais, ne m'y attendant jamais. Depuis, je n'ai même su être sur le tableau d'avancement ; tout cela ne m'occupait pas : remplir mes devoirs, étudier dans mes loisirs, m'amuser dans l'occasion en commandant à mes plaisirs; me recueillir, ainsi que j'en avais l'habitude, suffisait à mon existence morale ; je ne crois pas y avoir manqué un jour, lorsque venait le soir, soit pour me blâmer ou m'approuver des actions de la journée.

Etonné de la bienveillance que me montrait en toute occasion le général Foy, qui était alors colonel, je lui demandai un jour comment à moi, si jeune, il montrait tant d'amitié : « C'est que j'ai toujours vu en vous,
» m'écrivait-il, un officier zélé, toujours disposé de
» bonne grâce à tout faire avec élan, même lorsque ce
» n'était pas à vous à marcher, faisant plus et mieux que
» l'on ne vous commandait. »

Le général Foy disait vrai; mais tous mes camarades servaient ainsi.

Dans ma réponse, je ne pus m'empêcher de lui dire :
« Je ne sais comment vous écrire, encore moins vous
» remercier ; si vous saviez quelle vénération j'ai pour
» vous, mon embarras ne vous surprendrait pas. Long-
» temps, en Portugal, avant que je pusse avoir le moindre

» espoir et la pensée de jamais attirer votre attention,
» j'éprouvais cette influence. »

Je perdis deux chevaux, tués sous moi, en Portugal, l'un au combat de Guironda, et l'autre dans une embuscade, dans la vallée d'Oporto ; il ne me vint jamais dans la pensée d'en réclamer les indemnités dues en pareil cas ; j'étais trop occupé de ce qui se passait de grand, de beau autour de moi, pour des idées personnelles.

L'Empereur a proclamé l'infanterie française « la première infanterie du monde ; » après cette justice et cette vérité, rendues à ses immortels exploits et à son immense gloire, il est téméraire d'y vouloir ajouter. Mais ayant servi dans dix-sept campagnes dans les différentes armes, j'ai été convaincu qu'elle devait être considérée, avec raison, comme l'âme de la guerre, d'où sortiront toujours les généraux en chef les plus capables de commander les armées ; j'ai été à même d'étudier en temps de guerre la différence des armes, dont le concours est d'ailleurs apprécié ; mais les officiers de cette arme, qui auront la volonté de s'instruire, en sortiront plus capables pour la grande guerre, ayant plus de temps à donner à l'étude des auteurs classiques qui traitent de cet art, que plusieurs garnisons, telles que Strasbourg, Metz, etc., peuvent aider dans leurs études ; tandis que les autres armes sont dominées et absorbées par une foule de détails qui prennent tout leur temps, si nécessaire, surtout dans la cavalerie, à la conservation de cette arme, si coûteuse pour l'Etat.

Si les jeunes élèves avaient l'expérience, quelle que fût la force de leurs études, ils demanderaient à servir dans l'infanterie, tandis que plusieurs, en sortant de Saint-Cyr, classés dans l'infanterie, font tout ce qu'ils peuvent pour obtenir une permutation dans la cavalerie, qu'ils n'ont pu obtenir par leurs études à l'Ecole.

Voici, d'ailleurs, le portrait que le général Foy fait de l'officier d'infanterie, dans l'*Histoire des Guerres de la Péninsule, sous l'Empire*.

« Nos officiers des régiments resplendissaient de pureté
» et de gloire; vaillants comme Dunois et Lahire, sobres
» et durs à la fatigue, parce qu'ils étaient fils du labou-
» reur et de l'artisan, ils marchaient à pied à la tête
» des compagnies, et couraient les premiers au combat
» et sur la brèche; leur existence était tissue de priva-
» tions, car l'administration ne pouvait pas toujours
» fournir à leurs besoins, et ils eussent cru s'avilir en
» prenant part au pillage, tant ils avaient le cœur haut
» placé. Étrangers aux jouissances d'amour-propre de
» l'officier-général, exempts de l'ivresse du soldat, ces
» martyrs du patriotisme vivaient de cette vie morale
» qui se consume dans la résignation du devoir, une

» mort à peu près certaine les attendait loin de la patrie,
» et le nom de la plupart d'entre eux devait rester
» ignoré. Que de beaux caractères dans une classe
» qu'on ne louera jamais assez! Ah! nos ennemis l'ont
» mieux appréciée que nous, ils ont connu que là était
» l'honneur et le bouclier de la France ; vainqueurs,
» leur premier soin a été de le lui arracher, » par le
licenciement de l'armée de la Loire, que certains journaux d'alors, déjà vendus au nouveau pouvoir, qualifiaient
de brigands.

Ces officiers de l'Empire n'existent plus, ils sont morts
en grande partie ; mais ils survivent, et on les retrouve
aujourd'hui s'imposant des privations pour envoyer à
leurs vieux père et mère quelques ressources pour soulager leurs infirmités, leurs embarras. L'amour-propre
chez eux n'étouffe pas les sentiments de la famille, et ils
restent de bons fils envers elle et la patrie dont ils sont
aussi les enfants.

Le 6 juin 1810 je me mariai ; je croyais goûter un
long repos, et par contre autant de bonheur, comme s'il
en existait sur la terre ; mais les bruits qui se répandirent
alors par les rassemblements des divisions russes de la
Moldavie sur les frontières de la Pologne ne me permirent
pas de garder un repos coupable à mes yeux.

Depuis, les récits du colonel Boutourlin ont confirmé

les préparatifs secrets et projets hostiles que faisait déjà
la Russie, et sa résolution de saisir une circonstance
favorable pour nous attaquer au milieu de la paix. Ses
mauvaises dispositions à notre égard devaient enfin finir
par une guerre européenne, puisque les rois et une foule
de princes d'Allemagne entouraient à Dresde l'Empereur,
qui au milieu de cette cour de rois recevait leurs ap-
plaudissements, espérant voir par cette guerre diminuer
la puissance russe sur les affaires d'Allemagne, et la ruine
de l'influence anglaise funeste à son commerce. Napoléon
victorieux sans les éléments contre lui aurait obtenu et
mérité les actions de grâce de l'Europe et du monde
entier; mais la fortune en décida autrement. Et les
mêmes hommes qui avaient applaudi à cette imposante
guerre, eurent bientôt oublié leurs espérances et leur
ambition, pour ne songer qu'à leur défection envers
celui dont leurs louanges avaient été si grandes dans la
bonne fortune.

Je me souviens que les puissances étrangères, dans
nos guerres de si glorieuse mémoire, tout en nous atta-
quant, ne cessaient d'admirer les ressources des armées
françaises. Ils ne se cachaient pas l'avantage que nous
donnait sur eux notre terrible infanterie, le peu de
besoins des corps, les habitudes dures des officiers, et
les facilités qui en résultaient pour vivre et se mouvoir.
L'officier était alors un type à part, et en dehors de sa

sollicitude pour les soldats, il ne s'occupait que de gloire : indifférent pour lui-même, sa considération était si haut portée, qu'il n'avait pas besoin d'avancement pour en avoir ou l'augmenter ; aujourd'hui l'avancement dans toutes les carrières est la première préoccupation, sans services rendus à la patrie, sans péril et sans gloire, en un mot, le confortable, qui est l'ensemble de tous les besoins, est poussé si loin, qu'il efférmine même celui qui naît sans fortune ; delà aussi les préoccupations inquiètes pour les satisfaire.

L'ultimatum de l'empereur de Russie fut apporté à Paris au mois d'avril, par le baron de Serdobin ; le prince de Kourakin, ambassadeur de Russie, le remit au duc de Bassano, il était péremptoire ; mais Napoléon ne s'était pas endormi, et, jamais pris au dépourvu, n'avait pas attendu cette circonstance pour se trouver en mesure ; il était parti de Paris, emmenant l'impératrice à Dresde, qui, après le départ de Napoléon pour se mettre à la tête de ses armées, alla prendre les eaux de Tœplitz, puis se rendit à Prague pour y faire une visite à son père.

Cette réunion de rois, de princes, rappelait celle d'Erfurt, qui avait eu lieu le 27 septembre, trois ans auparavant, après Tilsit. Qui ne se souvient que le 50 octobre d'alors, on jouait un soir *OEdipe*, en présence de ce peuple de rois : on sait que, dans la première scène, Philoctète dit à Dima, son confident :

L'amitié d'un grand homme est un bienfait des dieux.

A ce moment l'empereur Alexandre se tournant vers Napoléon, lui prit la main avec effusion, ce qui semblait dire aux yeux des spectateurs qui observaient cette scène intéressante : *je compte sur la vôtre.*

Certes celle de Napoléon ne lui eût pas manqué, si la sienne n'eût été une amitié feinte et toute spéculative ; Napoléon était toujours de bonne foi.

J'avais reçu l'ordre de me rendre au quartier impérial, je vis cette imposante réunion de Dresde, où le roi Frédéric de Prusse offrit son fils à Napoléon comme aide-de-camp, et le présenta aux aides-de-camp de l'Empereur, en réclamant leur amitié pour leur jeune compagnon d'armes.

La grande armée réunie sur plusieurs points commença au mois d'avril 1812 son mouvement sur l'Elbe, l'Oder et la Vistule ; Alexandre était déjà à son quartier impérial à Wilna. On avait espéré que la présence de tous les rois réunis amènerait peut-être la paix ; il n'en fut rien ; il fallut combattre, vaincre, et... succomber...

Les forces de l'Empereur, en entrant en Russie, étaient de 325,900 hommes de toutes les nations présents sous les armes, dont seulement 155,400 français et

170,500 alliés, comptant ensemble neuf corps d'infanterie, auxquels se joignaient la garde impériale et quatre
corps de cavalerie avec 984 bouches à feu.

L'armée d'Italie, après avoir franchi le Tyrol et s'être
dirigée sur Varsovie, passe le Niémen à Olita ou Piloni
le 29 juin;

Le roi de Westphalie à Grodno;

Le duc de Tarente à Tilsit;

L'Empereur passa le Niémen à une petite distance de
Kowno le 24 juin, avec l'armée et sa garde, sur trois
ponts qu'il ordonna au général Éblé d'établir à cent toises
de distance; ils furent prêts en moins de deux heures;
à minuit deux divisions commencèrent le mouvement.

Les forces russes étaient de 460,000 hommes, par-
tagés en trois armées :

La première, sous le commandement de Barclay de Tolly, divisée en plusieurs corps, forte de	160,000
La seconde, sous le commandement du prince Bagration, de	60,000
La troisième, sous le commandement de Tormazoff, de	50,000
L'armée de Moldavie, commandée par Kutuzoff, de	70,000
L'armée de Courlande et les milices, de	120,000
Total.	460,000

A mon arrivée à Berlin, je reçus l'ordre de me rendre à Varsovie, porteur de dépêches au prince Jérôme ; mes instructions me prescrivaient de suivre les opérations de ce corps d'armée jusqu'à nouvel ordre. Au départ du roi Jérôme, mécontent de se voir sous les ordres du maréchal Davoust, je quittai le corps westphalien à Mohilow, pour rejoindre le grand quartier impérial à Witepsk. Je fis toute la campagne comme officier d'état-major du prince major-général.

Le duc d'Abrantès prit le commandement des Westphaliens. La marche de l'armée, à travers des forêts tristes et sombres, dans un sable mouvant, par des chaleurs accablantes, plus fortes qu'en Italie et en Espagne, avait fait éprouver quelques pertes en hommes et en chevaux ; on porte de 4 à 5,000 chevaux ceux que nous perdîmes en moins de 50 lieues, de Kowno à Wilna ; à ces chaleurs succédèrent ensuite des pluies incessantes ; et l'existence des hommes devint un problême par le peu de ressources qu'offrait le pays, les Russes allumant partout l'incendie en se retirant. Jamais armée ne supporta avec plus d'héroïsme toutes les privations, affrontant, par une chaleur de plus de vingt-six degrés, sans aucune distribution, toute espèce de fatigues, de périls ; mais sachant vaincre l'ennemi toutes les fois qu'il osait nous attendre. Six mois plus tard, plus grand dénuement encore, supportant vingt-huit à trente degrés de froid, battant l'ennemi toujours ; mais les éléments, qui ne purent vaincre le courage de ces vaillants guerriers, finirent par les immoler par milliers.

Mais n'anticipons pas sur le triste avenir, et reportons nos souvenirs sur leurs glorieux faits d'armes :

Davoust, à Mohilow, au début de ses opérations, avec 12,000 hommes, bat 35,000 Russes, commandés par le prince Bagration. On attribua généralement au départ du roi Jérôme qu'il eût pu rentrer dans l'intérieur de la Russie, et se sauver d'une défaite entière. Mais comme il faut être juste sur un fait grave, voici des détails certains sur ce qui s'est passé dans le temps. Il a fait trop de bruit pour ne pas être un objet de rectification sincère :

Lorsque l'Empereur entreprit la campagne de 1812, le roi Jérôme fut choisi pour commander la droite de la grande armée, composée des armées wetsphalienne, polonaise, saxonne, et d'un corps de cavalerie française, aux ordres du général Latour-Maubourg. Sous le commandement du roi servaient Vandame, Poniatowski, Régnier, Marchand, chef d'état-major et autres.

Le commandant en chef de l'aile droite exécuta parfaitement la partie des grandes opérations dont il était chargé, et manœuvra constamment de manière à empêcher la jonction du prince Bagration avec le centre de l'armée russe, en couvrant le grand-duché de Varsovie ; mais pour que cette manœuvre pût être couronnée d'un plein succès, il eût fallu que l'armée autrichienne l'eût constamment appuyée; tandis que le prince de Schwartzenberg, avec lequel le roi Jérôme se trouvait forcé de combiner ses mouvements, ne se hâtait que lentement. Il est à remarquer cependant que, malgré les lenteurs du corps autrichien, les manœuvres du roi de Westphalie eurent une telle rapidité, que les Russes furent prévenus sur le Niémen, et que le prince Bagration, constamment tenu éloigné de l'armée russe, ne put se porter sur l'Empereur, et gêner ses mouvements.

C'est alors que le prince russe, renonçant à forcer le général français, essaya de se faire jour sur Mir, où un combat de cavalerie des plus brillants, où j'assistais, fit connaître et apprécier de nouveau toute la bravoure de l'armée polonaise qui le soutint, et obligea l'ennemi à se retirer sur Niewiz, où il fut atteint par le roi Jérôme, qui se trouvait en mesure de lui livrer bataille.

C'est à cette époque que le maréchal Davoust, en faisant avec son corps d'armée sa jonction avec l'aile droite, reçut l'ordre de l'Empereur d'en prendre le commandement. Abusé par de faux rapports, il ignorait la marche lente des Autrichiens, qui empêchait Jérôme de s'avancer aussi vivement qu'il l'eût fait ou desiré. Napoléon en déplaçant le commandant de l'aile droite, on concevra qu'il ne pouvait passer sous le commandement du maréchal ; mais n'ayant pour unique but que le bien et la gloire de la France, le roi proposa au maréchal de livrer bataille et de rester comme volontaire dans sa propre armée, qui passait sous son commandement ; mais Davoust refusa.

Le roi Jérôme n'avait plus qu'à se retirer : ce qu'il fit, en laissant son armée sous les ordres du maréchal, et n'emmenant avec lui que ses gardes-du-corps.

L'Empereur reconnut bientôt qu'il avait été trompé, et envoya plusieurs officiers auprès de son frère, pour l'engager à reprendre le commandement de l'aile droite ; mais le roi refusa et se retira dans ses États.

L'Empereur, parti de Wilna le 16 Juillet, était le 18 à Klubokoé. Un revers accidentel, arrivé au général Sébastiani, sujet à se laisser surprendre, ne l'empêcha pas de se porter sur Witespk, où il désirait prévenir Barclay ; mais celui-ci, par une marche sur la droite de la Dwina, avait traversé cette ville, et vint au-devant de nous pour tâcher d'arrêter notre marche et défendre les longs défilés qui la couvraient, espoir qui fut vain.

Mais le 27 juillet, veille de l'entrée de l'armée dans Witepsk, deux compagnies de voltigeurs du 9ᵉ régiment

de ligne, commandées par les capitaines Guillard et Sa-
vari, ayant pris les devants, attirèrent l'attention de l'armée; elles furent bientôt enveloppées de toutes parts par
10,000 cavaliers; on les croyait perdues, mais elles se
se réunirent aussitôt avec un sang-froid admirable, et
soutinrent avec succès, pendant une heure, une lutte
disproportionnée et terrible; leurs efforts donnèrent le
temps à notre cavalerie de déboucher, et de dégager le
16e régiment de chasseurs qui s'était trop aventuré.
Napoléon, témoin de ce brillant fait d'armes, envoya
demander de quel régiment étaient tous ces braves gens.
Ils répondirent du 9e et les trois quarts enfants de Paris.
Dites-leur, reprit l'Empereur, que ce sont tous des
braves qui méritent la croix.

Le 28 il entra dans Witepsk, dont les habitants avaient
fui; il y resta jusqu'au 13 août. C'est pendant son séjour
dans cette ville, qu'il fit un jour rassembler les grenadiers
à pied de sa garde, et tirant son épée reçut lui-même le
général Friant, comme colonel de ses grenadiers, en
leur disant : Vous lui obéirez tous pour la gloire de nos
armes, l'embrassa et lui dit : C'est la récompense de vos
bons et loyaux services; mais j'ai besoin de vous, continuez à commander votre division pendant cette campagne, vous m'y rendrez plus de services, et j'ai toujours
vos grenadiers sous mes yeux; réception à la fois solen-

nelle et imposante. Cette nomination fut accueillie avec une grande satisfaction ; chaque soldat de la garde sentit dans cette promotion un choix qui l'honorait.

Le 14 août, veille de la fête de Napoléon, eut lieu le combat de Krasnoé, où l'on fit 2,000 prisonniers et où l'ennemi perdit 6 pièces de canon. Marbeuf, colonel d'un régiment de lanciers, fut blessé à la jambe d'un coup de feu dans une charge sur la division russe Newerowskoï ; on ne jugea pas l'amputation nécessaire, il rentra en France, où il mourut quelque temps après ; il fit de son lit une chute qui envenima sa blessure. L'armée perdit un officier d'avenir, et moi un bon ami.

L'attaque de Smolensk eut lieu le 17 ; l'ennemi l'évacua dans la nuit. Sa perte fut grande : on voyait les cadavres de plusieurs Russes contre un Français. L'ennemi eut plusieurs généraux tués ; de notre côté nous eûmes à regretter le général polonais Grabowski, qui mourut glorieusement sur le champ de bataille. Ce haut fait d'armes précéda de peu de jours le combat de Valentino, plateau que les Russes nomment le *Champ sacré*. La gloire en fut chèrement achetée par la perte du général Gudin, qui y fut grièvement blessé et mourut à Smolensk quelques jours après. Le général Gérard, aujourd'hui maréchal de France depuis la révolution de Juillet, prit le commandement de sa division.

Je ne crois pas devoir oublier de consigner dans mes souvenirs de guerre, un trait qui change un peu le tableau, puisqu'il montre toute la bonté du général, comte de Narbonne, et la distinction de ses manières. On sait qu'il fit la campagne de Russie comme aide-de-camp de l'Empereur et qu'il mourut gouverneur de Torgau, où le typhus enlevait à la garnison, forte de 27,000 hommes, 300 hommes par jour.

Je rentrais de mission au moment où le quartier impérial partait pour changer de quartier ; cet honorable général attendait son domestique qui devait lui amener son cheval ; le bon général ignorait être vu par moi, séparé de lui par une charmille, et témoignait quelqu'impatience que provoquait un assez long retard ; enfin je vis arriver maître Jean, qui, désespéré de sa faute, du plus loin qu'il vit son maître, se mit à se lamenter, en disant : « Faire attendre un si bon maître !... Mon Dieu, mon Dieu ! que je suis donc bête ! »... Le général de Narbonne, mettant le pied à l'étrier, se contenta de lui dire, avec le ton bienveillant qui ne l'abandonnait jamais : « Jean, ne te répète pas, j'allais te le dire, tu me l'as volé. »

L'armée continuant sa marche, le 5 septembre au matin commencèrent les reconnaissances de part et d'autre qui devaient bientôt produire un grand événement. Le général Barclay de Tolly venait depuis peu d'être remplacé par le général Kutusow, vénérable guerrier à cheveux blancs. Napoléon s'étant arrêté un moment à l'abbaye de Kolotskoï, destinée depuis à servir d'hôpital, où plusieurs de nos guerriers moururent de leurs blessures, entre autres le général Thareau, se porta en avant, et envoya l'ordre au maréchal Davoust de faire enlever une redoute avancée, qui couvrait la gauche de l'ennemi, par la division Compans ; après deux heures d'un combat très-vif, elle fut emportée à la baïonnette par le 57ᵉ régiment. L'Empereur, satisfait de la conduite valeureuse de ce régiment, nomma Charrières, son colonel, général de brigade. Les Russes laissèrent la redoute remplie de morts. On évalua notre perte à 1000 hommes tués ou blessés.

Le lendemain, veille de la grande bataille, à six heures du matin l'Empereur était à cheval, parcourant nos avant-postes, pour reconnaître la position des Russes qu'il se plaisait à étudier ; à deux heures de l'après-midi il monta à cheval pour la deuxième fois et rentra satisfait, après avoir parcouru tout le front de l'armée. C'est dans cette journée qu'il montra à ses grenadiers le portrait du Roi de Rome, que le préfet du palais, M. de Beausset venait de lui apporter de Paris. On voyait avec plaisir ses vieux soldats accourir à l'entrée de sa tente pour voir son fils.

Le 7, à la pointe du jour, on lut à l'armée la courte proclamation suivante :

Soldats,

« La voilà, cette bataille que vous avez tant désirée ;
» désormais la victoire dépend de vous ; elle est néces-
» saire, elle amenera l'abondance, et nous assure de bons
» quartiers d'hiver et un prompt retour vers la patrie ;
» soyez les soldats d'Austerlitz, de Friedland, de Witepsk,
» de Smolensk, et que la postérité la plus reculée dise
» en parlant de vous : Il était à cette bataille sous les
» murs de Moscou. »

L'armée française comptait à peine 140,000 hommes en comptant la garde, contre une armée avantageusement postée et forte de 165,000 hommes ; à six heures du matin commença la bataille : un coup de canon tiré par l'une des batteries du général Sorbier annonça qu'elle était commencée, cent vingt bouches à feu en position sur notre droite, répondirent à ce signal ; notre gauche sous les ordres du vice-roi s'empara de Borodino, qui fut emportée par la division Delzons.

A sept heures du matin, cette immense bataille devint générale par l'attaque sur le centre des Russes par les troupes aux ordres du maréchal Ney. Mille pièces de canon commencèrent aussitôt leur majestueux fracas, qui ne cessa qu'un peu avant la nuit. Cette bataille de géants est peut-être l'une des plus sanglantes des temps modernes ; elle coûta à l'armée française 15 à 20,000 hommes tués ou blessés ; 3 généraux de division, 9 généraux de brigade furent tués ainsi que 10 colonels, et 64 généraux ou colonels furent blessés, sans tenir compte de ceux qui succombèrent à leurs blessures. Les Russes eurent plus de 50,000 hommes tués ou blessés, ainsi que 50 de leurs généraux ; 60 pièces de canon et quelques milliers de prisonniers restèrent en notre pouvoir ; plus de 92,000 coups de canon furent tirés. Les Russes avaient pour eux l'avantage d'une belle position, fortifiée par plusieurs redoutes ; et cette bataille doit être considérée comme l'un des plus beaux faits d'armes de l'Empereur.

Il coucha sur le champ de bataille, au milieu de sa garde entourant sa tente, et se mit le lendemain à la poursuite des vaincus. Sa marche sur Moscou fut à peine interrompue par le combat de Mojaïsk, et l'armée parut devant l'immense ville de Moscou (1) le 14 septembre,

---

(1) Moscou, cette ville immense, étonne en la voyant plus qu'aucune ville d'Europe : elle n'a pas la monotonie de Londres et des autres capitales, elle ranime à son aspect le voyageur fatigué, elle rappelle plus l'Orient que l'Occident, et pourtant on peut s'en faire une idée en se figurant 500 châteaux des plus beaux et des plus

7 jours après la bataille qui avait détruit chez les Russes l'espoir de sauver cette importante cité. A l'aspect de cette ville, vue de la hauteur des Moineaux, un sentiment de joie et de bonheur s'empara de tous les cœurs : là était l'objet de leurs vœux, et ils regardaient cette capitale comme la terre promise, où rien ne leur manquerait, bien fatale illusion!.... Mais la vue de ses coupoles dorées, des clochers aux croix du rit grec, entrelacées de chainettes que l'air agite en autant de guirlandes, en frappant sur les dômes azurés et les obélisques de cette vaste et ancienne résidence des czars, électrisa l'imagination de l'armée et porta dans les âmes avec l'espérance un peu d'orgueil, permis après tant de fatigues et de gloire ; plusieurs d'entre nous purent jeter leurs pensées en arrière, la mienne se reporta sur Oporto, et les con-

---

somptueux, qui seraient entourés de petites villes, villages ou maisons de campagne, tant les jardins sont vastes, ainsi que les magasins commerciaux. On sait que c'est l'entrepôt de toute l'Asie et de l'Europe. J'ai parcouru presque toutes les capitales, Moscou, seule, m'a montré un tout autre tableau.

Pétersbourg, dans un autre genre, passe pour la plus belle ville que l'on puisse voir, tant pour ses édifices publics que particuliers.

trastes et les distances parcourues n'étaient pas sans agir sur tous de manière à en faire des hommes et des guerriers extraordinaires.

L'Achille Murat, avec l'avant-garde, entra dans la ville que l'on trouva déserte ; l'Empereur vint s'établir dans une grande auberge du faubourg de Dorogomilow, et se rendit le 15 au Kremlin ; la garde logea tout autour ; divers corps s'établirent à l'intérieur et dans les faubourgs.

Je fus du nombre des officiers du prince major-général qui furent nommés au commandement d'un quartier de la ville ; enfin toutes les dispositions furent prises pour le maintien de l'ordre et de la discipline. Mais dans la première nuit, du 15 au 16, le feu ne se manifesta d'abord que sur quelques points : l'Empereur donna aussitôt des ordres, mais l'embrâsement devint tel et fit des progrès si rapides qu'il envahit bientôt toute la ville. On sait qu'à l'approche de l'armée les bagnes avaient été ouverts, et que les galériens s'étaient chargés, pour leur liberté, d'incendier Moscou.

Le 16, dans la soirée, l'Empereur dut quitter le Kremlin, où il rentra le 18 ; la ruine de cette ville paraissait inévitable ; il dut se retirer au château de Peterskoë, les états-majors en firent autant, personne ne pouvant plus s'y maintenir. Revenant de mission pendant la nuit du 17, au moment où l'incendie était des plus terribles, ignorant l'abandon de la ville, je cherchais, errant partout, où je pouvais pénétrer, je faillis suffoquer par la violence du vent, de la fumée et de la raréfaction de l'air, causée par l'ardeur du feu. Moscou semblait un gouffre entouré d'un océan de feu; les flammes s'étendaient du nord au midi, elles s'élevaient jusqu'aux cieux; les plaques de tôle tombant des dômes et des maisons avec fracas sur de larges pavés, retentissaient au fond du cœur attristé, que ce lugubre spectacle de dévastation oppressait.

Il faut avoir assisté à une pareille scène, de jour et surtout de nuit, au milieu de ce gouffre, pour s'en former une idée grandiose et infernale. Dante et Milton, dans leur description idéale des enfers, malgré leur génie, ne pourraient approcher de la réalité d'un pareil tableau.

Rostoptchin passera sans doute à la postérité pour cette action infâme, et il serait même fâcheux que son nom s'oubliât, afin de pouvoir exécrer dans l'éternité des temps un monstre pareil. Il faut espérer qu'il y aura une punition à part pour lui et Hudson Lowe, le dogue et geolier de Ste Hélène pour l'Angleterre, terre classique de fausse philanthropie. Car qui ne flétrira pas dans l'avenir la barbarie de leurs pontons envers nos héros prisonniers!

La fatalité voulut que L'Empereur restât 35 jours dans cette ville anéantie, et l'armée dans toutes ses positions.

On sait comment nos avant-postes furent attaqués, ce qui provoqua enfin la décision de l'Empereur.

Le temps que nous restâmes à Moscou fut constamment beau, et les revues que passaient tous les jours Napoléon dans la cour du Kremlin, étaient aussi belles qu'aux Tuileries. Fatal séjour! que l'Empereur a déploré lui-même dans une allocution faite à ses généraux à son départ de Smorgoni. Il dit alors : « Chacun de nous a » fait des fautes, la mienne est d'être resté trop long- » temps dans Moscou; il n'y a qu'Eugène, montrant » le vice-roi, qui se soit conduit en vieux capitaine.

Si aussi bien, voyant l'incendie consumer, anéantir cette ville immense, il eût donné à l'armée huit jours pour se reposer et faire des vivres, il arrivait avant les plus grands froids sur le Niémen, et nos destinées eussent été bien changées. Une retraite prudente, qui n'est point la suite d'une défaite, ne diminue pas la gloire acquise ; les Russes eussent encore maudit davantage leur gouverneur qu'ils ne l'ont fait : l'embrâsement de leur ville eût été en pure perte.

Le 19 octobre, l'armée s'éloigne en bon ordre et sort de Moscou avec de nombreux embarras; les réfugiés des différentes nations, craignant le ressentiment des Russes, se joignent à nous, pour avec nous périr en partie. Le temps se maintint beau jusqu'au 26 ; mais à partir de ce jour tout devint calamité.

L'Empereur en quittant le Kremlin, donna l'ordre au maréchal Mortier d'y rester quelques jours. Il lui laissa deux divisions de la jeune garde avec la recommandation, à son départ, de faire sauter la plus grande partie du Kremlin. Je reçus l'ordre du major-général, de rester près du maréchal jusqu'à sa réunion à l'Empereur, qui eut lieu à Véréia. Nous entendîmes en quittant la ville les détonations de la mine ; mais je doute qu'elle ait fait grands dommages au Kremlin.

Après le départ de l'armée, le général Wintzingérode qui ignorait que le maréchal et deux divisions occupaient encore la ville, se fit prendre ; et c'est en arrivant à Véréia, que l'Empereur l'apostropha avec chaleur. Les premiers reproches passés et qu'il méritait, puisqu'il était sujet wurtembergeois, il fut très-bien traité.

Pendant notre marche sur Véréia, le maréchal Mortier, qui était un excellent homme, ne put s'empêcher de prendre beaucoup d'humeur contre un soldat qui près de lui avait tiré un coup de fusil sur un corbeau. Le premier mouvement passé, le maréchal s'éloigna. Demandant ensuite à ce soldat pourquoi il s'était mis dans le cas de se faire gourmander : vous l'eussiez tué, lui dis-je, c'est un mauvais manger. La faim que nous avons devant nous, me dit-il, me l'eût fait trouver bon.

Cinq jours après la sortie de Moscou, le 24, eut lieu

la victoire de Malojaroslawets, où trois divisions française et italienne, commandées par le prince Eugène, vainquirent les Russes, fait d'armes des plus glorieux aux troupes du 4e corps. Ces trois divisions, composées de 18,000 hommes soutinrent le choc de neuf divisions russes, fortes de 10,000 hommes chacune, dont 10,000 hommes restèrent sur le champ de bataille ; notre perte fut de 2 à 3,000 tués ou blessés. L'Empereur arriva sur le terrain à midi, il donna ainsi que l'armée des regrets à la mort du brave général Delzons et à celle de son frère si touchante, qui reçut une blessure mortelle, en voulant l'arracher des mains de l'ennemi.

Le 25 au matin, un houra de cosaques eut lieu au moment où Napoléon allait visiter le champ de bataille, où le 4e corps avait acquis une nouvelle gloire ; mais la présence de quelques pelotons de service les eut promptement culbutés. C'est dans cette échauffourée que fut blessé par méprise le capitaine Lecouteulx, aide-de-camp du major-général, par un grenadier de la garde.

L'armée continua son mouvement sur Mojaisk ; de là nous traversâmes le champ de la grande bataille, de la bataille gigantesque ; nous le trouvâmes encore couvert de ses morts et de tous les débris de guerre.

Nous atteignîmes ensuite Gjatz, ou, pour mieux dire, la place où cette ville avait existé, car il ne s'y trouva plus un réduit; la ville qui était entièrement en bois, n'en conservait pas vestige. Enfin nous arrivâmes à Wiasma, où il fallut combattre et se faire jour : une nouvelle victoire nous y attendait. Depuis quinze jours nous avions quitté Moscou, et c'est en arrivant à Semlewo, le 29 novembre, que l'Empereur apprit la tentative de Mallet. Nous atteignîmes enfin Smolensk, mais après avoir souffert bien des maux difficiles à décrire et trop pénibles à rappeler. La nouvelle de l'équipée de Mallet fit pressentir le départ aussi prochain qu'urgent de Napoléon.

L'Empereur, pendant cette retraite si pénible et qui devait être bien longue encore, montra pour ses soldats plus de sollicitude, si c'est possible, qu'il en avait l'habitude dans toutes ses campagnes. Il s'arrêtait lorsqu'il voyait un malade, un blessé qui marchait difficilement, et ne le quittait que lorsqu'il s'était assuré qu'il y avait eu possibilité de le sauver, en le faisant placer sur une des voitures de l'artillerie.

Il quitta Smolensk le 14, après avoir donné ses ordres pour continuer la retraite, qui devenait chaque jour plus difficile par le manque de chevaux pour traîner l'artillerie. C'est alors que le vénérable général Drouot donna ses chevaux pour sauver quelques pièces de plus. Le 15, Napoléon arriva à Krasnoé, où se trouva le général

Sébastiani avec une partie de la cavalerie démontée; l'arrière-garde, commandée par le maréchal Ney, sortit de Smolensk le 17, après avoir fait tous ses efforts pour faire sauter une partie des murailles. C'est au défilé de Krasnoé que l'ennemi commença à s'emparer de quelques caisses du trésor , ainsi que de plusieurs caissons appartenant aux équipages particuliers de la Maison impériale.

C'est pendant sa marche sur Krasnoé , que le vice-roi eut à soutenir les attaques de 20,000 Russes, appuyés d'une nombreuse artillerie ; j'y perdis mon beau-frère Vilmain , chef de bataillon , ancien aide-de-camp de Bernadotte, officier des plus regrettables et des plus capables. C'est alors que l'Empereur jugea une attaque de nuit nécessaire , elle fut confiée au général Roguet de la jeune garde , elle eut un plein succès : les Russes surpris dans leur repos périrent en grand nombre et cet échec les rendit circonspects. Il composa les escadrons sacrés , dont il donna le commandement au général Grouchy. Le 19 il arriva de sa personne à Orcha. Cette ville offrit quelques ressources à nos troupes, par les magasins qui y étaient préparés : quelques distributions furent faites aux soldats exténués. Un dégel qui dura peu , apporta cependant quelqu'allégement à nos maux, et nous fit presque oublier le froid rigoureux qui avait depuis Smolensk accablé l'armée, les bivouacs furent un peu plus supportables ; mais bientôt le froid reprit, l'hiver éclata plus terrible que jamais, à compter surtout du départ de l'Empereur de Smorgoni. Enfin nous passâmes à Orcha le Dniéper pour la dernière fois.

Nous avions déjà un mois de marche en retraite, nos pertes avaient été grandes et nos souffrances inouies, nous avions encore cent-vingt lieues pour atteindre jusqu'au Niémen, espace dont les Russes avaient fait, comme partout, un désert en brûlant tout, et pour avenir de mourir de faim et de froid, ou la Sibérie ou le knout si l'on tombait dans les mains des hordes barbares qui composent une partie des troupes russes. Comme le disait l'Empereur dans le 29ᵉ bulletin : « C'est alors qu'il fallait des âmes bien trempées pour ne pas se laisser abattre. »

De sept chevaux que j'avais pour mon service en passant le Niémen pour la première fois, il ne m'en restait plus un seul en arrivant à Orcha. J'avais dû consentir à laisser abattre le dernier pour la subsistance de mes camarades. Aussitôt dépecé, nous remplîmes nos poches et nos musettes des lambeaux de sa chair.

Arrivé sur la Bérézina, le passage eut lieu à Studzianka, il commença à s'effectuer le 26 novembre. Si l'on avait pu exécuter les ordres et les prévisions de l'Empereur, il aurait eu lieu au moins un jour plus tôt, ce qui était beaucoup, et se serait effectué plus facilement, puisqu'il avait ordonné de construire trois ponts; on ne put en établir que deux. A une heure, le pont destiné à passer l'infanterie étant prêt, le passage se fit; le deuxième pont, éloigné du premier d'une centaine de toises, terminé à quatre heures, servit aussitôt. Quelques chevalets s'enfoncèrent dans la vase, et causèrent des interruptions de passage qui exigèrent des réparations qui, sans hésitation, furent faites par les intrépides soldats des pontonniers, qui sacrifièrent tous leur vie, mûs seulement par l'honneur et le sentiment de leur devoir. Plongés dans l'eau jusqu'aux épaules, ils réparaient sans relâche les accidents, dévouement héroïque et au-dessus des forces humaines, puisqu'ils périrent tous. Avoir vu de pareils faits et y avoir assisté grandissent certains hommes, en rabaissent d'autres, desquels on devait plus attendre, mais dont le seul mérite est l'orgueil et l'amour-propre, et pure vanité, sans devouement étouffé par leur égoïsme.

Le point de passage fut des mieux choisi par l'Empereur, et je n'entendis aucune critique à cet égard : l'avantage du terrain était de notre côté, la rive droite dominant la rive gauche, qui, sur ce point, peut avoir cinquante à soixante toises de largeur et six pieds de profondeur.

L'Empereur avait au préalable, pour assurer la tranquillité des travailleurs, fait passer une partie de la brigade Corbineau, qui portait en croupe un fantassin; peu de temps après, la brigade acheva de traverser. L'armée après ce passage possédait encore près de 300 bouches à feu bien approvisionnées; faute de chevaux on dut abandonner quelques pièces de canon; et près de 2,000 traînards et vivandiers furent ramassés par les Russes.

A huit heures du matin, le 29, le feu fut mis au pont, et ce ne fut que deux heures après que quelques cosaques s'en approchèrent.

Cet épisode de la guerre de Russie fut calamiteux sans doute; mais, malgré tous les éléments, tous les accidents, malgré les obstacles que l'armée a éprouvés, il n'a pas été aussi funeste qu'il aurait pu l'être. Plusieurs écrivains ont à cet égard exagéré nos malheurs, déjà assez grands, que l'honneur et la gloire ont toujours dominés.

La Bérézina franchie, à la vérité la sécurité n'en était pas plus grande pour nos isolés. Le maréchal Oudinot, qui avait été blessé, faillit être pris avec le général Pino dans le village de Plechsenitzoui ou Plescenkowis.

La marche de l'Empereur au milieu de sa garde était, malgré nos malheurs, majestueuse et imposante; les figures martiales de ses grenadiers, imprégnées par la douleur, semblaient plus imposantes encore par tout ce que leur âme souffrait ; une énergie surhumaine animait ces âmes fortement trempées , que soutenait le dévouement ; ils ne s'arrêtaient pas ; mais lorsqu'ils s'arrêtaient, c'était, trompés par leurs forces, pour tomber et mourir, fidèles et résignés : leur inquiétude était toute pour l'Empereur. La température, devenue insupportable, rendait le bivouac mortel pour celui qui s'endormait ; une fois les sens engourdis, l'homme ne se relevait plus. Cette garde immortelle , déjà placée dans l'avenir, la terreur des ennemis sur les champs de bataille, fera l'admiration du monde dans la postérité la plus reculée, car elle comprenait la grandeur de sa mission, elle sentait qu'elle était l'élite de la nation et de l'armée.

Le 5 décembre, l'Empereur, écoutant les meilleurs avis, quitta Smorgoni à onze heures du soir, par vingt-cinq à trente degrés de froid, accompagné du duc de Vicence, du duc de Frioul, du comte de Lobau, et arriva miraculeusement sans accident le 18 décembre 1812 à Paris, à onze heures du soir. Le lendemain de grand matin il était au travail ; et malgré la fatigue de plusieurs nuits et autant de jours de voyage, il consacra cette première journée au travail avec ses ministres, sa présence dans la capitale pouvant seule hâter l'organisation et la réunion des nouvelles armées devenues nécessaires pour remplacer nos pertes. Son départ de l'armée fit impression, quoique l'on s'y attendît, cela devait être; mais les bons esprits comprirent de suite combien sa présence était nécessaire à Paris pour activer les nouvelles ressources, devenues d'une impérieuse nécessité.

Je sais que, pour moi, je fus soulagé d'un grand poids, quand je sus l'Empereur parti et hors de danger. Depuis, on a beaucoup dit et répété que le roi de Naples n'était pas à la hauteur de sa mission en prenant le commandement de l'armée; mais reportons-nous à ce moment, et osons sans faiblesse mesurer la grandeur de nos malheurs, et on conviendra, après les avoir énumérés, ce que je ne veux faire ici que pour obtenir le retour de l'ordre, qu'il fallait un point d'arrêt qui parlât à tous les esprits, des vivres, des armes, du repos, etc., enfin ce qui manquait, que le temps amène forcément, et que l'on ne peut obtenir prématurément à la sortie de grandes calamités. Le plus difficile n'est pas de conduire des masses bien organisées et disciplinées; mais là où tout manque, il faut savoir attendre, et peu à peu reprendre la dignité du commandement avec les ressources qui viennent en aide.

Voici ce que M. Gaudin, duc de Gaëte, qui fut quinze ans ministre des finances sous l'empire, dit de l'Empereur:

« A son retour de Russie, il descendit de voiture vers
» onze heures du soir; j'en fus instruis le lendemain de

» très-bonne heure, et je m'empressai de me rendre
» auprès de lui ; je le trouvai seul dans son cabinet ; il
» avait couru pendant quinze jours et quinze nuits sans
» prendre de repos. Néanmoins je ne l'avais jamais vu
» mieux portant ; je lui trouvai seulement le teint plus
» animé qu'à l'ordinaire, et une augmentation d'embon-
» point ; revenu vainqueur, il n'aurait pas eu une autre
» attitude. Après un assez long entretien, il m'ajourna
» à huit heures du soir, pour un travail dans lequel il
» devait examiner mes propositions pour le budget de
» 1813, dont j'avais préparé tous les éléments. Il montra
» dans ce travail, qui dura jusqu'à minuit, la même
» liberté d'esprit que s'il n'eût pas quitté son palais :
» j'avais peine à comprendre que tout ce qu'il venait
» d'éprouver de fatigues de tout genre et de sensations
» pénibles, parût avoir laissé chez lui aussi peu de traces.

» On se ferait, au surplus, difficilement une idée des
» immenses travaux auxquels il se livra pendant le reste
» de l'hiver, pour préparer, par la réorganisation de tout
» le personnel et de tout le matériel de l'armée, la cam-
» pagne de 1813, où il se montra encore si redoutable ;
» certes, ceux qui en furent comme moi les témoins
» n'eurent pas lieu de croire que ses facultés eussent
» rien perdu de leur vigueur et de leur énergie. »

Voilà la meilleure réponse à M. de Ségur, ancien maréchal-des-logis du palais ; il doit regretter d'avoir fait un roman en dépréciant le héros qui prouva depuis, dans sa campagne de Lutzen et de France, que son génie, quoique devenu malheureux, n'avait en rien faibli.

Le major-général, avant d'arriver à Kowno, crut devoir parler à ses officiers d'état-major, dont il connaissait bien le dévouement et l'énergie de leur manière de servir ; car qui n'a pas apprécié alors dans l'armée cette infatigable activité ; et cependant, y eut-il jamais un service plus pénible et plus périlleux ? Ces officiers exécutaient avec l'armée la marche du jour, et repartaient vers minuit porter des ordres aux corps éloignés, et sur plusieurs officiers portant le même ordre, souvent, et distancés, tous n'arrivaient pas ; un seul quelquefois parvenait à remplir sa mission, ainsi que cela est arrivé une fois en Pologne (1807), lorsque l'armée manœuvrait sur Eylau, où, sur huit officiers envoyés par différentes directions au maréchal Bernadotte, un seul arriva ; les autres furent pris ou tués. Ce service était régulièrement établi ; on marchait par tour, d'après une liste ; mais si parfois il arrivait qu'un officier n'eût pu remplir sa mission, soit par une chute ou pour une cause quelconque, le prince de Neuchatel ne s'astreignait pas à la liste, et désignait lui-même la personne sur une liste à lui particulière ; j'avais, dans ce cas, l'honneur d'être souvent désigné, ainsi que quelques autres, mais toujours les mêmes. Je me rappelle encore ceux pour lesquels j'ai, dans ces occasions, été assez heureux de marcher, et où j'ai failli être tué ou pris.

Le baron Denniée a raison, quand il dit : « Le prince
» de Neuchâtel cachait un cœur affectueux sous une
» écorce qu'il s'efforçait de faire paraître rude ; et, de
» même que l'Empereur, il s'accoutumait difficilement
» aux visages nouveaux ; mais, en revanche, sa bienveil-
» lante sollicitude n'a jamais cessé de protéger dans le
» cours de leur carrière les officiers qui avaient servi
» près de lui. »

J'ajouterai même qu'il suffisait de l'approcher, pour juger à la première fois de sa bonté ; rarement un officier partait en mission sans qu'il lui recommandât d'éviter de se laisser prendre, et, ce malheur arrivant, de tâcher de détruire les dépêches. Il est, selon moi, beau et honorable pour lui, de penser que, s'il ne fit pas tout le bien qu'il aurait pu dans sa position, il ne fit jamais de mal. Sa manière de ronger ses ongles en tout temps, en tous lieux, lui donnait un air distrait, préoccupé. Sa tâche, à lui, ne laissait pas aussi d'avoir son côté pénible ; car l'Empereur le faisait appeler pour le moins cinq ou six fois par nuit. Lorsqu'un aide-de-camp ou un officier du cabinet venait lui dire : « Monseigneur, Sa Majesté vous demande », il passait son habit, son épée, et, le chapeau sous le bras, éclairé par un huissier portant deux bougies, il passait chez l'Empereur. On sait qu'ils habitaient toujours ensemble, palais ou chaumière. Si au contraire on venait lui dire que l'Empereur le demandait *de suite*, il passait chez lui dans sa robe de chambre ou de nuit, avec son bonnet qui nous faisait beaucoup rire, en ce qu'il nous rappelait un bonnet de comédie. Celui du prince était entouré d'un large ruban avec ce que l'on appelait un chou, sur la tête ; en revenant, il réveillait dans la chambre ou le corridor les officiers de service couchés par terre, en disant : « Allons, messieurs, il faut partir. » Le baron Denniée rapporte qu'une fois, à Varsovie, dans la nuit du 8 janvier 1807, l'Empereur le fit appeler dix-sept fois dans la même nuit.

Nous l'aimions tous avec respect ; nous déplorâmes le moment de faiblesse qu'il montra à Fontainebleau en abandonnant l'Empereur pour aller se faire capitaine des gardes. Il prétexta, avant le départ pour l'île d'Elbe, des affaires à Paris, qu'il voulait arranger. Napoléon le voyant s'éloigner, dit au général Drouot et à son entourage : « Vous voyez bien Berthier, eh bien il ne reviendra pas. » Et il n'est pas revenu ; ainsi sont les hommes : triste humanité !... Lorsque Napoléon revint au 20 mars à Paris, il lui fit dire que, bien qu'il eût abandonné l'amitié, l'amitié le rappelait. Il ne comprit pas, comme l'illustre général Drouot, que lorsque l'on avait servi la France, attaché à un génie comme l'Empereur, on ne pouvait, on ne devait plus servir personne, mais la France toujours ; il eût mieux compris la grandeur de son époque, en se retirant paisiblement à Gros-Bois.

Voici ce que le prince Puckler-Muscau, dans ses Chroniques, Lettres et Journal de voyage, raconte de ses derniers moments :

« Dans le vieux palais, près du Don, on me montra la
» chambre où Philippe-Othon de Wittelsbach fut poi-
» gnardé, et dans le nouveau château le cabinet d'où
» Berthier se précipita, à l'aspect de l'armée russe en
» marche pour la France. L'homme colossal tomba avec
» une telle violence sur un angle du pavé, que sa cer-
» velle rejaillit jusqu'au second étage, et que le mur en
» fut souillé. Malgré tout cela, il sera toujours problé-
» matique si cette mort a été volontaire, ou si plutôt elle
» n'est pas due à un accident. L'appui de la fenêtre est
» très-bas ; le maréchal souffrait de la goutte, et n'était
» pas très-ferme sur ses pieds ; il n'est donc pas impos-
» sible qu'en se penchant pour voir les troupes qui arri-
» vaient, il ait fait involontairement *il salto mortale.* »

Le maréchal Berthier était, du reste, un homme fort ordinaire ; son mérite provenait de ce que l'Empereur, croyant à son vieil attachement, prenait sur sa propre gloire pour en couvrir son major-général. Les alliés, au dire des uns, punirent cruellement ce malheureux de son infidélité; ils le jetèrent du haut de sa fenêtre, renouvelant pour lui le supplice de Jézabel. Quoi qu'il en soit, que sa mort fût un crime ou un accident, toujours est-il que cette mort semble une punition...

En parlant du prince de Neuchatel, je ne puis omettre de citer le général comte de Monthion, chef d'état-major, dont les relations avec les officiers, malgré la dureté des temps, furent toujours convenables et remplies d'une urbanité qui n'excluait pas ce que les devoirs militaires exigeaient impérieusement, mais qui les rendait pour tous plus faciles.

Que de maux dans cette campagne, et que de pénibles spectacles affligèrent la vue et le cœur; mais aussi combien d'actions héroïques, de courage et de dévouement ranimaient l'âme attristée, qui se sont passées inaperçues par une multitude que le malheur absorbait; mais qui n'ont pas été entièrement perdues. Je me rappelle avec satisfaction qu'un jour, marchant à pied, je n'avais déjà plus de chevaux, je cheminais à côté de trois pièces de canon, au milieu d'une grande quantité d'hommes anéantis, épuisés, dont la plupart étaient sans armes, n'ayant plus la force d'en porter, un officier, fort petit et très-brun, que je pris pour un lieutenant d'artillerie, marchait près des pièces en fumant un bout de pipe, que nos soldats appellent *brûle-gueule;* une petite capote bleue, avec un collet tombant sur les coudes, et la tête couverte d'un chapeau, bordé d'un étroit ruban uni, n'annonçaient aucune distinction. Tout-à-coup un houra de Cosaques s'annonça dans la plaine à l'horizon. Sans se faire connaître, me voyant près de lui, m'appelant son *camarade,* il m'invita à réunir le plus d'hommes possible, pour masquer les pièces, qu'il plaça aussitôt dans la direction de l'ennemi, mais de manière à laisser du jour pour ajuster, ce qu'il fit luimême ; et, lorsqu'il vit les quinze cents Cosaques à portée de fusil, les hommes passèrent derrière. Au même instant, une pièce fit feu, et alla frapper en plein au milieu d'eux. Aussitôt ils se jetèrent derrière un village dévasté, et disparurent dans les bois, en laissant trois chevaux sur le terrain. Les trois pièces continuèrent, ainsi que la colonne, tranquillement leur marche. Ce n'est qu'en félicitant l'officier d'artillerie sur la justesse du tir, que j'appris que c'était le général de division Alix, qui n'avait pas cessé de fumer son bout de pipe.

Le roi de Naples, commandant l'armée, arrive bientôt à Gubinem, après avoir séjourné vingt-quatre heures à Kowno. Un conseil y fut tenu, dont le résultat fut de confier la retraite au maréchal Ney, qui s'adjoignit le général Gérard. Il était urgent d'arrêter l'ennemi assez longtemps devant cette ville, afin de protéger la retraite avec honneur jusqu'au dernier moment.

Le quartier général n'avait fait que passer à Wilna, où j'eus la douleur de voir mourir le brave général Dornés, qui succomba aux fatigues et à ses anciennes blessures : il commandait une brigade de cuirassiers ; c'était un guerrier accompli, l'honneur de l'armée.

Le roi Murat quitta l'armée le 16 janvier ; peut-être en avait-il l'ordre de l'Empereur. On racontait que les supplications du major-général furent très-vives pour l'en empêcher : le prince Eugène, en le remplaçant, fit tous ses efforts pour remédier à tout. Mais Varsovie, livrée aux Russes par le prince de Schwartzenberg, empêcha le vice-roi de conserver Posen, où il était resté plus d'un mois. Ne pouvant conserver cette position, il dut, les premiers jours de février, arriver à Francfort sur l'Oder le 18, pour ensuite marcher sur Berlin, et arriver sur la ligne de l'Elbe, qu'il défendit pendant un mois.

Le récit abrégé de cette campagne achevé, le cœur éprouve le besoin de trouver dans ses souvenirs quelques consolations : il les trouve dans l'héroïsme des faits d'une guerre qui étonnera le monde lointain ; car la postérité regardera comme fabuleux qu'une armée épuisée par la faim, la soif, les maladies, un climat mortel, un hiver des plus extraordinaires, même en Russie, qu'une telle armée, en un mot, ait supporté une retraite de plusieurs mois, lorsqu'au milieu des forêts et des déserts les hommes succombaient par milliers, se perdaient dans les neiges et les glaces, enfin lorsque la mort poursuivait partout, avec les plus terribles images, ces hommes qui n'étaient plus que des squelettes, mais qui trouvaient encore la force de vaincre, lorsque l'ennemi croyait à chaque instant tenir une proie facile. Ici il est permis de se glorifier, quand on songe que les éléments seuls nous ont fait succomber, et que nous avions cependant les meilleurs soldats modernes à combattre après nous; car le soldat russe est sobre, patient, dur, religieux, quelque peu idolâtre, et par contre superstitieux, portant tous au col pour amulette l'image de saint Nicolas, et sachant mourir avec résignation. Quelques hordes barbares ont commis des cruautés; mais il faut croire que, si des officiers avaient été présents, ces actes barbares auraient été empêchés : les officiers, plus instruits, plus civilisés, ont une valeur remarquable. En un mot, nous ne pouvions avoir des adversaires plus difficiles à vaincre. Notre supériorité n'étonnera pas, lorsque l'on pense qu'il a fallu l'Europe entière conjurée, et la trahison de tous côtés,

pour nous faire céder ; on peut, à juste titre, être fier
et se glorifier d'avoir fait nombre parmi de tels soldats,
les premiers de l'univers.

RÉCAPITULATION.

Les forces françaises et alliées de toutes les nations en
entrant en Russie étaient de 325,900 hommes.

Troupes françaises	155,400
Troupes alliées et étrangères . . .	170,500
Total.	325,900

Les forces de l'armée française et alliée qui repas-
sèrent le Niémen le 15 décembre 1812 à Kowno, furent :

Les isolés de toutes les nations . . .	36,000
Dixième Corps	30,000
Corps polonais aux ordres du prince Poniatowski	20,000
Septième Corps saxon et français de Régnier	15,000
Corps autrichien	26,000
Total.	127,000

L'Empereur, à la veille de s'éloigner, crut devoir établir Marie-Louise régente de l'empire, condescendance
qui semblait annoncer une déférence politique pour l'Autriche. Étrangère, trop jeune, faible, sans caractère,

sans expérience, et ignorante de nos coutumes, de nos lois, de nos intérêts, il était à craindre qu'elle ne se trouvât au-dessous de son rôle, ce qui malheureusement arriva. Cette condescendance fut une imprudence, et peut-être une faute dans de si graves circonstances ; mais il tenait, on doit le croire, à donner à son beau-père François II, cette nouvelle marque de confiance, comptant toujours, parce qu'il était magnanime, sur l'élévation des sentiments de souverains qui ont prouvé n'avoir ni foi ni loi dans leurs mœurs et leurs traités.

Il quitta Paris le 15 avril 1815, et arriva à Erfurt le 26, pour commencer cette nouvelle campagne avec des recrues qui apprirent la charge et les exercices en faisant des marches forcées, et dont l'instruction de la cavalerie ne se fit pas autrement. L'armée ayant bientôt dépassé la Thuringe, manœuvra sur la Saale. L'Empereur, partit d'Erfurt le 28 avec 80,000 hommes, que le prince Eugène augmenta de 40,000 en faisant sa jonction, après avoir passé la Saale à Mersbourg ; il marcha ensuite sur Wessenfels ; c'est alors que plus de 10,000 hommes de cavalerie furent battus par nos jeunes soldats de nouvelle levée. Pendant ce temps les corps d'armée aux ordres des maréchaux Ney et Marmont manœuvraient par le défilé célèbre d'Auerstadt et Kœsen, où les Prussiens avaient été vaincus dans la campagne d'Iéna.

Au 1er mai , l'ennemi, en force , essaye de défendre le défilé des villages de Rippach et de Poserna ; mais bientôt il est culbuté des hauteurs qu'il occupe, et l'arrivée de 12 pièces de canon de la garde impériale, que dirige le général Drouot, force les Russes à fuir devant nos jeunes conscrits. Le début de cette campagne s'annonçait sous d'heureux auspices, lorsque Napoléon perdit l'un de ses anciens braves de l'armée d'Egypte, un vieux compagnon d'armes, le maréchal Bessières, qui, comme Turenne, fut tué d'un coup de canon.

Le mouvement de l'armée continua sur Lutzen, et les troupes prirent position en avant de cette ville : le monument de Gustave-Adolphe se trouva bientôt au milieu de nos bivouacs. L'armée ennemie débouchait de Pégau, il fallut accepter la bataille qui devait devenir si célèbre. Les dispositions furent prises aussitôt pour enlever le village de Kaya, qui fut pris et repris plusieurs fois. Leurs Majestés russe et prussienne assistèrent à cette brillante journée pour nos armes, mais placées sur une hauteur où elles purent voir leur défaite sans danger personnel, tandis que jamais l'Empereur n'avait peut-être montré tant d'activité, et ne s'était plus exposé aux coups de l'ennemi. « Nous paierons de notre personne aujourd'hui , dit-il » en arrivant sur le terrain ; c'est une bataille d'Egypte ; » l'infanterie et l'artillerie doivent se suffire : je ne crains

» pas de m'abandonner à la valeur innée de nos jeunes
» conscrits. »

Cette victoire nous conduisit à Dresde en six jours. La valeur de notre jeune armée étonna les généraux, et l'Empereur en témoigna son admiration par une proclamation des plus remarquables. L'ennemi en fut atterré, et se retira sur Bautzen, qu'il faisait fortifier depuis plus de trois mois. C'est à ce moment que l'empereur François II, qui était à la veille de se déclarer contre nous, à l'annonce de cette victoire, envoya M. de Bubna à Napoléon, porteur de paroles hypocritement pacifiques, tandis qu'il envoyait au même moment à nos ennemis le comte de Stadion, bien connu par sa haine contre nous.

Napoléon passa quelques jours à Dresde, et le 20 mai, l'armée, en se portant en avant, passa la Sprée en présence des armées ennemies, et marcha sur Bautzen. Un combat glorieux eut lieu autour de cette ville ; il n'était que l'avant-coureur de la bataille qui devait se livrer le lendemain ; elle commença à cinq heures du matin. Après plusieurs heures d'un feu vif et meurtrier, les forces nombreuses de l'ennemi obligèrent les troupes aux ordres du maréchal Oudinot à se reployer sur la Sprée. Mais bientôt une attaque commencée par les ordres de l'Empereur, par le corps du maréchal Ney, sur notre gauche, avec 60,000 hommes qui débordent l'ennemi, l'arrête au moment où il croyait peut-être vaincre ; mais rien ne pouvant résister à la valeur de nos soldats, il est culbuté des hauteurs de Krecwitz, et nous laisse maîtres de son camp retranché : malheureusement le défaut de cavalerie empêcha l'Empereur de poursuivre vivement le succès de cette glorieuse et importante journée.

Arrivés dans la plaine de Wurtchen, un spectacle touchant s'offrit à nos regards ; par un sentiment d'humanité qui fait le plus grand honneur aux paysans saxons, ils enlevèrent 10 à 12,000 blessés, ramassant indistinctement les soldats de toutes les nations, et les conduisirent dans les hôpitaux de Dresde. Cette philanthropie émut d'autant plus tous les cœurs, qu'au même moment leurs villages étaient détruits et dévastés. Rendons hommage à ces bons paysans, dont les compatriotes, cependant, nous abandonnèrent sur le champ de bataille.

Parmi les combats non interrompus qui commencèrent à dater du mois de mai, le plus sérieux fut celui de Reicheinbach, où le général Bruyères, brillant officier de la valeureuse armée d'Italie, fut tué. C'est dans cette journée qu'un chasseur de l'escorte tomba mort près de l'Empereur. Il dit, en regardant Duroc pour la dernière fois à côté de lui : « La fortune nous en veut bien aujourd'hui ! » Un instant après, à la sortie d'un chemin creux, un boulet perdu vient frapper contre un arbre, et ricoche contre le général du génie Kirchener, qui tombe mort sur le coup , et blesse mortellement Duroc, l'ami de cœur de Napoléon, qui sentit profondément la perte qu'il faisait ; ses regrets étaient justes et sincères ; l'armée les comprit.

Bientôt un parlementaire se présente aux avants-postes pour demander un armistice, qui fut accordé bien fatalement, et prolongé jusqu'au 10 août. Pendant cette suspension l'Empereur s'établit à Dresde , et s'occupe des soins de son armée, sans négliger les affaires politiques ; il fait quelques excursions, visite les places de l'Elbe et de la Basse-Lusace, se rend à Mayence, où l'Impératrice se rend de son côté. De retour à Dresde dans les premiers jours d'août ; l'ennemi avait eu le temps de rassembler une armée de 500,000 hommes et 100,000 chevaux.

L'Empereur n'eut à leur opposer que 300,000 hommes et 40,000 chevaux , cavalerie et artillerie. C'est à cette époque que nous eûmes la douleur de voir le général Bernadotte , devenu roi, oublier ce qu'il devait à sa patrie , commander en personne des armées ennemies qui devaient agir contre des Français, et qu'il aurait pu, du moins, faire commander par d'autres.

Pendant que l'Empereur manœuvrait sur la Bohême et la Silésie, le prince de Schwartzenberg crut qu'il serait possible d'enlever Dresde ; mais il n'avait pas compté sur l'activité et la présence de l'Empereur, qui fit avec ses troupes quarante lieues en trois jours, et repoussa l'ennemi présomptueux dans toutes ses tentatives sur cette place. Le lendemain, la bataille fut complètement gagnée, et l'ennemi ne dut son salut qu'à un temps détestable, qui empêcha sa ruine entière. Le roi de Naples fit exécuter avec sa valeur accoutumée des charges sur les masses ennemies, et en tailla en pièces un si grand nombre, que le reste se rendit. Une pluie qui tombait par torrents ayant détrempé la terre, empêcha que la poursuite ne fût aussi vigoureuse qu'elle eût été sans cela.

Le résultat, cependant, fut la prise de trente-six pièces de canons ; 25 à 30,000 hommes restèrent sur le champ de bataille, tués, blessés ou prisonniers ; dix huit drapeaux et un grand nombre de caissons tombèrent entre nos mains.

C'est ce même jour que le général Moreau, portant les armes contre la France, eut les deux jambes emportées par un coup de canon tiré de Dresde par une batterie de l'artillerie de la garde : justice de la Providence fut faite.

A la reprise des hostilités, je reçus l'ordre de me rendre au 14ᵉ corps, qui tenait position à Dresde. L'Empereur tenait à avoir un rapport détaillé et journalier des positions de chaque corps ; chargé de ce travail, que le maréchal signait, il était expédié chaque fois que le corps prenait une position nouvelle suivant ses mouvements.

L'adjudant-commandant C***, que le maréchal traitait avec bonté, qu'il connaissait dès les premières guerres de la république, me pria un jour de le rappeler au souvenir du maréchal, lorsque l'occasion s'en présenterait; elle ne tarda point : un soir, terminant un de ces rapports, je lui demandai s'il m'autorisait d'y ajouter les noms de quelques officiers méritants; il y consentit. Je citai, entre autres, celui de l'adjudant-commandant; les nominations demandées arrivèrent bientôt. Je crus faire plaisir au maréchal, l'abordant les nominations à la main, de lui présenter, en tête, celle qui me semblait devoir l'intéresser le plus : « Qu'avez-vous donc demandé pour cet officier, me dit-il? » — « De l'avancement, répliquai-je; » — « Mais ce n'était pas mon intention. » Il ne désirait lui-même de l'avancement que dans la Légion-d'Honneur, pour améliorer sa retraite, ce que j'ignorais entièrement. « Puisque c'est fait, ajouta-t-il, n'en parlons plus; ce sera un mauvais général de plus... » Ce brave militaire est mort depuis dans les environs de Paris, je crois, à Passy.

La fortune semblait nous sourire de nouveau; malheureusement au mauvais temps s'adjoignit une indisposition grave qui empêcha Napoléon de poursuivre sa victoire de Dresde, et le désastre arrivé au brave et imprudent Vandame paralysa les succès obtenus jusqu'alors. On attribua les malheurs arrivés à Culm, à la lenteur du 14ᵉ corps, qui devait l'appuyer, et qui, au lieu de partir à quatre heures du matin de sa position, ne la quitta qu'à midi.

L'Empereur donna des ordres pour fortifier Dresde, et y laissa les 1ᵉʳ et 14ᵉ corps d'armée. Bientôt après arrivent les défections de nos alliés les Saxons, cause d'un mal moral qui ne fait que s'aggraver; de tous nos alliés, les Polonais seuls savent rester fidèles à l'honneur et à notre fortune. La situation devient telle, que l'armée doit manœuvrer de manière à devancer l'ennemi à Leipsick. L'Empereur y arrive le 15, et le 16 y est attaqué sur plusieurs points à la fois, bat l'ennemi à Wachau, où il perd 30,000 hommes.

Le 18, les quatre armées coalisées parvinrent à réunir 100,000 hommes de plus, et décidèrent de nouvelles défections parmi les Saxons et la cavalerie wurtembergeoise, qui nous attaquèrent aussitôt en nous abandonnant. Quoi qu'il en fût des traîtres, la nuit nous trouva maîtres du champ de bataille. Cette journée, des plus mémorables, fit le plus grand honneur à nos troupes. Plus de 300,000 hommes ne purent vaincre 100,000 Français; mais le manque d'approvisionnements força l'armée à se rapprocher de ses dépôts de guerre. Elle eut à regretter la mort douloureuse du général Dumoutier et du prince Poniatowski, qui périrent tous deux en traversant à la nage l'Elster, dont le pont venait de sauter prématurément : ce malheur nous priva d'une douzaine de mille hommes, d'un assez grand nombre de pièces de canon et d'équipages de guerre.

Cet irréparable accident obligea de continuer la retraite ; le 20, l'armée se trouva réunie à Weissenfels, et le 23 à Erfurt. Arrivés à Hanau le 29, les Bavarois, qui nous avaient abandonnés, commandés par le général de Wrède, conçurent le fol espoir de nous arrêter, et nous attendirent avec une présomption en délire ; c'est alors que 50 pièces de la garde eurent bientôt rompu leurs masses et humilié tant d'orgueil. Au milieu de ces pièces se distinguait le général Drouot, les dirigeant avec ce calme qui ne le quittait jamais. Les charges de notre cavalerie de la garde impériale et d'un escadron des gardes-d'honneur forcèrent enfin l'ennemi à chercher son salut derrière la Kintzig, qu'il repassa honteusement dans une déroute qui amusa nos soldats, et provoqua leurs plaisanteries sur leur vaniteux aveuglement.

Bientôt après l'armée arriva à Francfort et sur le Rhin, que l'ennemi n'osa franchir immédiatement.

Trente mille hommes, commandés par le comte de

Lobau et le maréchal Saint-Cyr, formant deux corps d'armée, laissés à Dresde pour manœuvrer sur les derrières de l'ennemi, capitulèrent honorablement après avoir tenté de se faire jour par plusieurs sorties qui culbutèrent chaque fois l'ennemi. Mais les têtes couronnées ne pouvant vaincre Napoléon par les armes, ne craignirent pas de donner l'exemple de l'immoralité, en violant tous les traités. C'est ainsi qu'à la face du monde ils ne rougirent pas, plus tard, de séparer violemment, contre toute pudeur et moralité, l'époux de l'épouse, le fils du père, et cela dans les circonstances douloureuses où l'âme la plus forte a besoin de chercher de la consolation et du support au sein de la famille et des affections domestiques ; loi de nature, loi de famille, loi sacrée, que les sauvages respectent, mais que les rois d'alors ont foulée aux pieds ! Est-ce là la moralité des rois civilisés ?... Non contents de l'avoir assassiné sur un rocher, ils ont fait de sa femme une concubine et de son fils un bâtard.

Les peuples ne mettront pas en oubli le stigmate que plusieurs en portent sur leurs fronts.

Enfin, d'après la capitulation de Dresde, les troupes françaises devaient rentrer en France par Strasbourg, à journées d'étapes, lorsqu'après avoir fait quelques marches dans la vallée de Waldeim, elles furent arrêtées et considérées comme prisonnières de guerre ; la violence fit loi ; nous n'avions plus d'armes, il fallut se résigner.

Remplissant les fonctions de chef d'état-major de la 43ᵉ division, que commandait le général Claparède (1), je ne me crus pas engagé dans une capitulation violée. Je m'échappai de Prague le 17 décembre 1813, et parvins, à travers bien des fatigues, des soucis et de la misère, à la petite ville de Selz, sur le Rhin, où je trouvai le général Saint-Sulpice, commandant des gardes-d'honneur.

Le 28 je pris à Strasbourg les ordres du duc de Bellune, à qui je donnai des renseignements sur la marche des armées ennemies.

Voici copie de la lettre que j'écrivis au prince de Neuchatel, au moment de mon arrivée en France, en rejoignant le quartier impérial :

––––––––––

(1) Je soussigné, Lieutenant-général, certifie que M. le commandant R*** a rempli les fonctions de chef d'état-major, dans la 43ᵉ Division que je commandais à la campagne de 1813, au 14ᵉ corps avec un zèle, une activité et une intelligence dignes d'éloges. Sa bravoure remarquable, sa bonne conduite sont des titres qui militent en sa faveur, et je me fais un devoir de lui donner ce témoignage de ma satisfaction comme de mon estime particulière.

Paris, le 25 novembre 1814.

Signé, Cᵗᵉ CLAPARÈDE.

A Son Altesse Sérénissime le prince de Neuchatel,
major-général de la Grande-Armée.

Monseigneur,

Je m'empresse d'avoir l'honneur de prévenir Votre Altesse que je me suis échappé de Prague, faisant partie du 14e corps, où je remplissais les fonctions de chef d'état-major de la 43e division, commandée par le général Claparède. C'est le 17 décembre que j'ai quitté les troupes des 1er et 14e corps d'armée, qui étaient dirigées sur les confins de la Hongrie, dans le Banat ; les officiers ont été séparés des soldats à Tœplitz ; la maladie faisait de grands ravages parmi eux.

Le maréchal et le comte de Lobau ont obtenu de résider à Carlsbath. Comme les puissances ennemies se partagent tout, il est à présumer que les troupes seront encore fractionnées.

C'est sous divers déguisements, Monseigneur, que je suis parvenu à arriver sain et sauf à la ville de Selz, où j'ai trouvé le général Saint-Sulpice, commandant les gardes-d'honneur.

Un pêcheur contrebandier me fit passer le Rhin à une lieue de Rastadt, au village de Blitersdorff.

Le 28 je pris, à Strasbourg, les ordres du duc de

Bellune, à qui je fis un rapport, qu'il a dû vous faire connaître ; je crois y avoir omis peu de chose ; cependant, j'ai remarqué en passant à Pilsen, ville fortifiée, que les magasins étaient tellement remplis, que les rues et les glacis de la place étaient obstrués de caisses d'armes, de biscuits et d'effets militaires à l'usage des armées. Les routes de Bohême jusqu'au Rhin étaient continuellement occupées par d'immenses convois de tout ce qui peut leur être utile : partout les populations semblaient prendre les armes avec facilité.

L'Autriche, la Prusse, la Bavière, le Wurtemberg lèvent de nouvelles armées ; il en doit être ainsi de toute la coalition : 150,000 hommes marchent sur l'Italie, et 300,000, par l'Allemagne et la Suisse, doivent pénétrer en France comme avant-garde...

J'ai rencontré un grand nombre de troupes de la meilleure tenue, de toutes les armes, qui rejoignaient l'armée. J'ai vu un corps de troupes russes, dans les environs de Carlsruhe, fort de 6,000 hommes, grenadiers et chasseurs à pied de la garde, ayant plusieurs croix ou médailles, et manifestant le désir de pousser l'invasion jusqu'à Paris. Je regarde comme inutile de transmettre leurs réflexions sur cette ville et sur la France. Quoique leurs armées soient nombreuses, que rien ne leur manque, ils sont trop méthodiques pour ne pas agir avec beaucoup de lenteur, et pour que leurs manœuvres ne puissent être déjouées par le génie de l'Empereur.

D'après les ordres du duc de Bellune, je me rends immédiatement près de Votre Altesse ; je pense que ma rentrée en France sera approuvée de Sa Majesté, ainsi que de vous, Monseigneur ; j'en ai trouvé le motif dans le manque de foi de l'ennemi, qui n'a pas voulu maintenir la capitulation qui rendait les deux corps d'armée à la France par Strasbourg. C'est dans la vallée de Waldheim (Saxe), qu'ils ont arrêté le mouvement commencé sur la France, et changé la direction des troupes.

Mon retour annonce assez à Votre Altesse mon désir de servir avec plus d'activité que jamais, et de défendre le sol sacré de la patrie. Je la prie de vouloir bien me désigner le poste qu'elle me destine, aussitôt mon arrivée au quartier impérial.

Je suis, etc.

****,

Capitaine d'état-major du prince major-général.

Strasbourg, le 28 décembre, 1813.

Arrivé au quartier impérial, je reçus aussitôt l'ordre du prince d'y reprendre mon service ; il me félicita avec bonté sur mon retour et prit intérêt à me questionner : « Ne vous écartez pas, me dit-il ; l'Empereur vous interrogera. » Effectivement, à son arrivée à Châlons, je fus

appelé ; je répétai à l'Empereur ce que j'avais dit dans
mes rapports ; il parut satisfait, me dit : « C'est bien ;
vous pouvez vous retirer. » Mais au même moment il me
demanda si je remplirais bien une mission à Hambourg
et Dantzick. « Pour le service de Votre Majesté, il n'est
rien que je ne tente, » répliquai-je, et je sortis.

Ici commence la campagne de France, si étonnante
malgré son non-succès. Celles d'Italie et cette dernière
attireront toujours l'attention des hautes capacités militaires.

Le 27 janvier, l'armée reprend l'offensive, et déjà la
la présence de Napoléon s'annonce par une poursuite
active de l'ennemi ; il marche aussitôt sur Saint-Dizier,
et surprend l'armée de Blücker dans Brienne, lui enlève
une victoire qu'il s'efforce de disputer, et contraint les
Prussiens à se mettre en pleine retraite, pour ensuite leur
tenir tête avec 50,000 hommes contre plus de 80,000
alliés réunis au combat de La Rothière. Forcé de manœuvrer sur Troyes, le maréchal Marmont, fidèle encore,
obtient un succès sur les Bavarois à Rosnay.

Le 9 février, l'Empereur culbute et détruit complètement un corps russe, qui se trouve sur son chemin. Sans
s'arrêter à cette nouvelle victoire, il marche sur Montmirail, où il obtient un succès décisif sur un corps prussien ; 15,000 y sont tués, blessés ou faits prisonniers ;

toute l'artillerie reste en notre pouvoir : la garde impériale les écrasa.

Le soir, après la victoire de Montmirail, je fus envoyé
au maréchal Macdonald, dont le quartier-général était à
Meaux. Conduit par un guide par des chemins détournés,
je traversais Coulommiers au moment où des maraudeurs
cosaques en sortaient. J'avais mis tant de célérité dans
cette mission, que je savais importante, qu'arrivé à l'hôtel
de la Sirène, aujourd'hui un magasin de fer en face de
l'église, je m'évanouis en lui remettant mes dépêches:
une heure de repos dissipa ce malaise.

L'Empereur, avec une activité qui ne tient ordinai-
rement que de la jeunesse, et qui rappelait celle qu'il
avait déployée dans ses campagnes d'Italie, se porta
vers la Seine, au-devant des Russes, et resta vainqueur
à Vauchamp, à Nangis, à Nogent, à Montereau, partout enfin, et où les dragons venus d'Espagne firent des
merveilles.

La bataille de Montereau eut lieu le 18; elle fut terrible; Napoléon y déploya, là comme toujours, la plus
brillante valeur. Les habitants, chargés d'enterrer les
morts, criaient à l'impossibilité, tant il y en avait. On
racontait que l'Empereur leur dit : « Jetez-les à la Seine ;
puisqu'ils veulent voir Paris, ils le verront. »

Le lendemain, je reci-jointe :

*A Monsieur ***, capitaine adjoint à l'état-major-général.*

Montereau, le 19 février 1814.

Je vous préviens, monsieur, que l'Empereur, par décret de ce jour, vous a nommé au grade de chef d'escadron.

Sa Majesté m'autorise à vous donner cet avis provisoire, en attendant celui que vous recevrez officiellement du Ministre de la guerre.

Le prince connétable, major-général,

Signé ALEXANDRE.

On comprend que je dus faire plus de cas d'une lettre du champ de bataille que de la lettre officielle.

Mon vénérable père, qui, malgré ses nombreuses blessures, faisait cette campagne glorieusement à la tête de ses dragons, avait passé la nuit dans un bivouac près de là. Je fus incontinent lui montrer cette lettre, qui lui causa une grande satisfaction. A qui, me dit-il, pense-tu devoir cette faveur militaire? A personne, lui dis-je, qu'au prince même, ou plutôt à mes services : il m'embrassa doublement : les succès d'un fils sont toujours ceux d'un père.

Ce père vénéré par moi, ainsi qu'un bon fils le doit,

et comme je l'ai fait toute ma vie, est une de mes pensées consolatrices d'aujourd'hui dans mes chagrins et mes malheurs : douces pensées bienfaisantes à l'âme. Né à Agen, en 1758, il mourut, le 4 septembre 1820, sur la terre étrangère d'Amérique, à 62 ans ; il aurait, en ce triste anniversaire, 88 ans.

L'humanité, la bravoure, la justice et l'honneur étaient les qualités distinctives de sa personne, sans parler de ce caractère aimable, enjoué, qui ne l'abandonnait pas au milieu de ses douloureuses blessures ; militaire et guerrier consommé, aussi généreux que valeureux ; sa modestie égalait son expérience et ses talents, tandis qu'aujourd'hui l'inexpérience ne doute de rien ; son désintéressement était proverbial, et sa loyauté le rendait, à bon droit, populaire en tous pays.

En parlant de mon vénérable et malheureux père, puis-je oublier ma mère, et ne pas dire au lecteur qui vénère aussi ses parents, que je porte à sa mémoire le plus profond sentiment d'amour filial. Je la perdis en 1804, lors de l'entrée de l'armée française en Belgique. En 1831, je fus visiter sa tombe en passant à Liége, et lui donner un douloureux regret, d'autant plus pur et désintéressé que je ne connus jamais, dans mon enfance, les tendres caresses que l'on prodigue au jeune âge.

Cette démarche, toute naturelle, fut connue de mon

régiment, par l'ordonnance que j'avais prise avec moi, pour tenir mon cheval à l'entrée du cimetière : elle n'eut rien de plus pressé que de le dire à ses camarades : plus d'un bon fils en fut touché !

Rentré au quartier impérial après ma mission, je remerciai le major-général ; il me dit aussitôt ce qu'il disait toujours : « Ce n'est pas moi, Monsieur, vous ne me devez point de remercîments ; c'est l'Empereur : continuez à bien servir. »

L'ennemi, éperdu de ses défaites et de ses immenses pertes, se replia et ne s'arrêta même pas à Troyes. On peut dire avec douleur que, si chacun avait fait alors son devoir comme Napoléon faisait le sien, la retraite des ennemis eût été forcée, et qu'ils eussent honteusement repassé le Rhin. On remarquait que, plus l'Empereur montrait d'énergie, moins il était secondé par ceux même qui lui devaient tout.

De Doulevant, je fus avec le colonel d'état-major Galbois, aujourd'hui officier-général, porter une dépêche pour l'empereur d'Autriche, que nous ne trouvâmes plus à Châtillon, où s'était réuni un congrès dérisoire, pour mieux abuser les peuples. La déloyauté des souverains alliés est depuis devenue manifeste. Nous trouvâmes à Bar le général Henriot, qui nous donna un trompette de gendarmerie. Arrivés à deux lieues de

Châtillon, nos chevaux, exténués, ne pouvaient plus marcher; il fallut nous arrêter un instant dans un village.

J'avais eu la précaution de faire monter dans le clocher qui dominait la plaine un paysan intelligent, qui devait nous avertir de la présence de l'ennemi; à peine placé, il donna le signal; je pris aussitôt le trompette; arrivé à portée de me faire entendre, je fis sonner des appels, auxquels un escadron autrichien répondit en s'arrêtant. Arrivé près d'eux, je leur dis qu'une partie de l'armée était près de là, et que le village était occupé par nos troupes. Par ce dire, j'évitai au village leur logement, car ils s'éloignèrent aussitôt. Le colonel d'état-major survenant, il continua avec eux jusqu'à Châtillon, où seul, M. de Metternich se trouvait encore. Je revins au quartier impérial rapporter où j'avais laissé la mission, continuée par M. Galbois.

Une faute bien grande commise dans cette campagne, que l'on peut qualifier de crime militaire, sauva de nouveau Blücher : Soissons lui ouvrit ses portes. Vint ensuite, comme une heureuse compensation, la bataille de Craone, qui augmenta le brillant reflet de nos armes, que nos malheurs et les Judas n'ont pu ternir. De longtemps je n'avais vu l'Empereur aussi exposé, car les boulets frappaient sans discontinuer autour de lui et derrière lui, dans les escadrons de service. On ne saurait, à cette

brillante, mais sanglante affaire, trop louer l'héroïsme de
de certains régiments d'infanterie et de ceux de la jeune-
garde, qui en se couvrant de gloire, surent vaincre et
mourir en assurant la victoire. Qui n'a vu, sans sentir
couler ses larmes, leur dévouement tracé en carré sur
la terre!...

Napoléon, sans repos, poursuit sa victoire, et marche
sur Reims, où le même pointeur de l'artillerie de la
garde qui avait tué Moreau blesse mortellement le général
en chef Saint-Priest, émigré; il bat réunis l'empereur
de Russie et le roi de Prusse. Ainsi on voit constamment
l'Empereur, infatigable, courir de victoire en victoire
avec des troupes harassées, qui savent se multiplier, que
le canon et la vue de l'ennemi délassent et raniment,
bien loin de les décourager.

Enfin, toutes les forces des armées coalisées parvinrent à se trouver réunies à Arcis-sur-Aube. Encore à
cette affaire Napoléon sembla invulnérable à ses soldats,
car il y affrontait la mort à tout instant. Nos braves soldats s'illustrèrent de nouveau, mais il fallut enfin céder
au nombre, et se retirer. Mais qui n'a pas admiré les
prodiges de cette campagne mémorable que soutint avec
tant de gloire l'Empereur et ses héros-soldats contre
toute l'Europe. Il finit, comme il avait commencé ses
fabuleuses campagnes d'Italie, en se montrant le plus

grand capitaine des temps anciens et modernes ; il remporta des victoires signalées ; mais ses exploits ne pouvaient arrêter le torrent qui inonda la France de ses hordes ; les valeureux soldats qu'il perdait ne pouvaient être remplacés. Mais l'histoire conservera avec orgueil le souvenir des batailles de Champaubert, de Brienne, de Montmirail, de Soissons, de Châlons, de Montereau, d'Arcis, de Bar-sur-Aube, de Reims ; etc., etc. Il doit être permis de sentir en soi quelqu'importance, quand on a assisté à tous ces faits d'une si immense gloire.

Pendant cette campagne illustre malgré son non-succès, plusieurs officiers d'état-major s'aperçurent de la froideur de beaucoup de maréchaux et de généraux.

Voici ce qui m'arriva à Montmirail, où je fus envoyé à un chef de corps d'armée, que je trouvai à table au château de Montmirail, appartenant à M. de Larochefoucauld : lui remettant mes dépêches, il les plaça sous son assiette, en m'invitant à prendre place ; je lui fis observer, piqué de cette indifférence, qu'elles étaient des plus pressées, et que j'avais ordre de repartir de suite avec la réponse. « Combien a-t-il de troupes avec lui » ? me demanda le maréchal ***. — « Soixante mille hommes, dis-je » (quoique je susse le contraire ; mais je voulais, en forçant le chiffre, raffermir et donner de la confiance à quelques âmes faibles et timorées). — « A vous autres, officiers du prince, on fait croire ce que l'on veut. » — « Non, monsieur le maréchal, on n'en a aucun motif ; il se peut que ce chiffre vous paraisse forcé ; mais comme ce sont les meilleurs soldats du monde par leurs actions et leur dévouement à l'Empereur, le nombre ne s'en calcule pas plus que celui des ennemis sur le champ de bataille. » Je sortis ; une demi-heure après j'étais en route ; et comme je n'ai jamais su, par honneur, ce que c'était que de servir à demi, je rendis compte au prince de Neufchatel de ce qui s'était passé.

Enfin l'ennemi fut heureux, parce qu'il était nombreux ; il avait dérobé trois marches ; et après le projet de se retirer au-delà du Rhin, ses hésitations furent vaincues par les émissaires envoyés de Paris, par les traîtres et les Judas.

Napoléon tente cependant un nouvel effort ; il marche sur Paris ; mais, arrivé à cinq lieues de la Capitale, il apprend avec douleur la défection infâme de celui dont il devait attendre un dévouement qui aurait dû lui faire verser jusqu'à la dernière goutte de son sang : Paris était livré !...

Il fallut revenir sur Fontainebleau, où j'eus la douleur d'assister à son départ pour l'île d'Elbe, et où j'entendis les adieux qu'il fit à sa garde :

« Soldats de ma vieille-garde, dit Napoléon, je vous

» fais mes adieux... Depuis vingt ans je vous ai trouvés
» constamment sur le chemin de l'honneur et de la
» gloire. Dans ces derniers temps, comme dans ceux de
» notre prospérité, vous n'avez cessé d'être des modèles
» de bravoure et de fidélité : des hommes tels que vous,
» et notre cause n'était pas perdue !... Mais la guerre eût
» été interminable, c'eût été la guerre civile, et la France
» n'en fût devenue que plus malheureuse. J'ai donc sa-
» crifié tous nos intérêts à ceux de la patrie. Je pars;
» vous, mes amis, continuez à servir la France; son
» bonheur est mon unique pensée ; il sera toujours l'ob-
» jet de mes vœux. Ne plaignez pas mon sort. Si j'ai con-
» senti à me survivre, c'est pour servir encore à votre
» gloire; je vous aime : j'écrirai les grandes choses que
» nous avons faites ensemble... Adieu, mes enfants; je
» voudrais vous presser tous sur mon cœur !... Que j'em-
» brasse au moins votre drapeau ! »

Nos larmes coulèrent, nos cœurs étaient attendris et
brisés; un murmure d'enthousiasme et de désespoir
circulait parmi nous. Le général Petit, aujourd'hui
sous-gouverneur des Invalides, présenta l'aigle à l'Empereur, qui lui donna un baiser, et pressa le général dans
ses bras. Puis, se surmontant, il ajouta : « Adieu encore
» une fois, mes vieux compagnons;... que ce dernier
» baiser touche vos cœurs, et qu'il s'y grave à ja-
» mais !... »

Il monta aussitôt en voiture ; on battit aux champs ; les cris de *vive l'Empereur ! vive Napoléon !* s'élevèrent unanimes dans les airs ; et la rapidité des chevaux l'entraîna : avec lui disparurent empire, bonheur, grandeur et gloire.

Un écrivain contemporain ne peut encore aborder les détails de la conduite hideuse d'hommes qui lui devaient tout, et qui ajoutèrent leur ingratitude à ses malheurs. Mais l'inflexible histoire les flétrira sans pitié, quoique beaucoup aient cruellement expié leur manque de foi envers leur prince et leur bienfaiteur ; en faisant la part des traîtres, elle n'oubliera pas les hommes généreux qui comprirent leurs devoirs en lui restant fidèles, ce qui n'était qu'un devoir aussi envers la France. Ils ne pouvaient pas être plus malheureux que plusieurs l'ont été : la justice divine les frappait.

On put juger et remarquer, pendant le séjour des ennemis en France, que vingt années de triomphe de la République et de l'Empire n'avaient pas produit chez les Français, nation si vaillante, le degré d'ivresse auquel une année de bonheur avait porté l'orgueil des étrangers, lorsque l'étonnement aurait dû dominer leurs succès, et ne les leur faire attribuer qu'aux frimats du nord, à l'inconstance de la fortune, à leur grand nombre et à la trahison.

RETOUR DE L'ILE D'ELBE DE L'EMPEREUR A PARIS.

On connaît le retour triomphal et fabuleux de Napoléon de l'île d'Elbe à Paris, et la campagne qui s'en suivit. Il dut quitter la capitale le 12 mai, pour se rendre à l'armée. Il n'avait à opposer à la coalition que 120,000 hommes, dont 60,000 étaient campés en avant de Philippeville, 17,000 à Beaumont, 43,000 sur la rive droite de la Sambre. On connaît la proclamation du 14 juin, pleine de chaleur et d'un patriotique entraînement.

Le 15, au moment où il se dispose à manœuvrer contre les armées ennemies, fortes de 240,000 hommes, il apprend la criminelle désertion *à l'ennemi* de trois officiers supérieurs, exemple inouï d'indélicatesse et de lâcheté dans une armée française, dont le premier sentiment est de savoir se battre, arrivée sur le terrain, pour une bonne ou mauvaise cause. Voici ce que dit l'Empereur dans ses Mémoires (tom. 9, p. 162.) :

« Le 14 juin au soir, eut lieu la honteuse désertion à » l'ennemi du général Bourmont, du colonel Clouet, et » de l'officier d'état-major Villoutray : leurs noms seront » en exécration tant que le peuple français formera une » nation. »

M. D***, capitaine aux carabiniers, passa aussi à l'ennemi. Mort à Verdun ; ses derniers moments furent, dit-on, troublés de cette mauvaise action, qui faisait le tourment de sa vie.

Il dut changer ses plans. Arrivé à Charleroi, il y passa la Sambre, et le 16 attaqua Ligny, où l'ennemi eût été entièrement détruit, si ses ordres eussent été exécutés. Les Prussiens, d'après les rapports de leurs généraux, perdirent, à eux seuls, 25,000 hommes ; les Anglais et les Hollandais, aux Quatre-Bras, 5000 ; trois régiments écossais et la légion noire de Brunswick furent détruits : le prince qui la commandait et plusieurs généraux y furent tués. Notre perte totale fut de 7000 hommes. Nous eûmes à regretter le brave et intrépide général Girard ; il finit glorieusement sa vie à Ligny ; c'est lui qui, à Lutzen, refusa de se laisser enlever du champ de bataille, où il était tombé blessé de deux balles à travers le corps.

Aux coups portés à l'ennemi par nos soldats, on reconnaissait leur valeur accoutumée, et la même confiance dans l'Empereur. Mais les généraux, compris les maréchaux, firent faute sur faute, et leur hésitation fit manquer le résultat de ces beaux faits d'armes, qui auraient dû nous rendre maîtres de Bruxelles le 17.

La cavalerie de la garde donna, et nous perdîmes le brave général Letord.

Le 18 au matin le temps était couvert ; il avait plu pendant la nuit ; il pleuvait même encore à la pointe du jour. L'armée anglo-hollandaise comptait 90,000 combattants, avec ses alliés 120,000, et 230 bouches à feu.

L'armée française n'avait que 68,000 hommes à opposer ; mais notre artillerie était aussi nombreuse que celle de l'ennemi ; seulement il pouvait l'utiliser davantage, en ce que l'armée du général anglais était sur le plateau du Mont-Saint-Jean.

Les causes de la perte de cette bataille peuvent se réduire à plusieurs principales : la première, c'est que le corps d'armée de droite n'ait pas marché franchement sur Saint-Lambert ; il devait sans hésiter marcher au canon, c'est un principe à la guerre ; et la seconde, c'est d'avoir fait faire une démonstration par une partie trop faible de la garde en colonnes par division, l'arme au bras. Cette démonstration n'ayant pas réussi, et ne pouvant pas réussir, décida, par l'arrivée des Prussiens, la retraite. Celui qui commandait cette colonne aurait dû, en arrivant à la gauche du 1er régiment de dragons, sur la hauteur du Mont-Saint-Jean, faire croiser la baïonnette et battre la charge ; cela ne se fit pas : l'armée anglaise, adossée à la forêt de Soignes, ne se rembarquait pas.

On ne peut s'empêcher de faire ici un rapprochement entre les malheurs d'Annibal et ceux de Napoléon : tous deux, après avoir passé les Alpes, cueillirent leurs lauriers en Italie ; tous deux négligèrent plusieurs fois, par trop de générosité au moment décisif, d'anéantir entièrement leurs ennemis vaincus ; tous deux, après un bonheur inouï et de grandes victoires, au moment de jouir du fruit de leurs exploits, virent la fortune leur devenir contraire ; leur grandeur s'écroula contre un homme ordinaire ; ils moururent dans l'exil.

Annibal buvant son poison, dit : « Délivrons enfin les Romains d'une crainte qui les tourmente depuis longtemps. »

Napoléon, nouveau Prométhée, sur son rocher, s'écria : « Je lègue l'opprobre de ma mort à l'Angleterre. »

Celui de la Fable trouva du moins un Hercule pour le délivrer.

Les batailles de Zama et de Waterloo ont encore ce rapprochement que, dans ces deux journées, le succès fut obtenu par des troupes auxiliaires ; car Annibal n'eût pas été vaincu sans Massinissa, comme Napoléon eût vaincu les Anglais, sans l'arrivée des Prussiens.

Quant au mouvement prématuré de la cavalerie française sur les hauteurs du Mont-Saint-Jean, dont il est question dans plusieurs ouvrages militaires, il ne fut ordonné par personne ; il se fit spontanément par le 1er régiment de dragons, commandé par le brave colonel

Planzéaux ; je faisais partie de cet intrépide régiment, où j'étais alors chef d'escadron. Nous arrivâmes seuls sur le terrain le matin de très-bonne heure ; il pleuvait encore un peu. Sans ordres et sans généraux, le régiment se plaça dans la pente du Mont-Saint-Jean, laissant à trente pas sur notre droite la maison isolée qui touche à la chaussée ; il était en colonne serrée. Un coup de canon tiré au hasard traversa les escadrons ; le régiment se déploya.

Vers onze heures la bataille commença ; nous étions en première ligne ; le général Lhéritier arriva ; mais au même moment, en m'adressant la parole, il reçut une balle qui lui traversa les épaules ; il dut se retirer ; c'est dans cet instant que nous perdîmes nos sapeurs.

Arriva ensuite le 7ᵉ régiment, commandé par le colonel Léopold, qui se plaça en arrière à gauche du 1ᵉʳ régiment. Deux pièces de canons de petit calibre, dirigées par un maréchal-des-logis, vinrent se placer à quelques pas de nos escadrons. Elles eurent à peine le temps de faire feu, que la cavalerie anglaise les chargea. C'est alors que sans commandement et sans ordre, les deux escadrons les plus près, que je commandais, se portèrent en avant des pièces, au-devant de la cavalerie ennemie par le cri général parti des rangs, cri si familier à nos braves soldats, *en avant ! en avant !*...

Ce mouvement fut suivi des autres escadrons, et ensuite par le régiment de Léopold. Nous restâmes sur les hauteurs du Mont-Saint-Jean, à l'emplacement du *Lion*... toute la journée, jusqu'au moment où la retraite dut se faire, chargeant continuellement les escadrons ennemis qui se présentaient pour nous en faire descendre. Jamais mêlées de cavalerie ne furent plus longues et plus compactes, puisqu'elles n'ont pas discontinué ; nos escadrons y tinrent en respect les carrés anglais appuyés à la chaussée, et adossés au village, qui n'osèrent pas se dégarnir de leur feu de toute la journée ; ces troupes étaient tellement fatiguées de la position d'*apprêtez armes,* qu'à chaque moment on entendait l'avertissement des officiers qui relevaient les hommes de leur affaissement.

On a accusé à tort le maréchal Ney d'avoir donné cet ordre ; ce mouvement prématuré, ainsi que je l'explique, s'est fait instantanément.

Nos malheurs empêchèrent alors de faire connaître les détails glorieux des régiments. Ainsi, dans le 1er de dragons, un officier nommé *Graffin* vint se faire tuer, après avoir eu deux chevaux tués sous lui, et montant, pour le troisième, un cheval du train d'artillerie ; l'adjudant-major *Laussate,* retiré à Pau, n'hésita pas, au milieu de la mêlée, de sauter à bas de cheval pour le donner au colonel, qui venait d'être démonté ; *Henry,* capitaine, qui fut taillé en morceaux ; *Rivaux*, qui en porte des traces sur la figure, et qui sert dans la gendarmerie ; *Hurtaut*, capitaine retraité, aujourd'hui maire de son village dans le département de l'Allier ; et *Suchet*, capitaine, qui était devenu un objet de curiosité pour les habitants où nous passions, tant il avait été écourté de coups de sabre des pieds à la tête. Les éloges mérités par tous ces braves ne finiraient pas ; presque tous les officiers et sous-officiers furent blessés : plusieurs restèrent sur le champ de bataille, bien glorieusement pour eux et pour leur famille.

J'eus l'honneur de conduire dans cette journée (mes camarades s'en rappellent) douze fois les escadrons à la charge, qui s'abordaient à fond. Le major *Collet*, retiré à Saint-Germain, faisait nombre parmi ces braves. J'éprouve le regret de ne pouvoir citer tous ceux que j'ai vus agir en héros, mais je vois leurs dangers, leurs figures, leurs actions, sans pouvoir me rappeler les noms de tous. Ces dangers étaient un troc avec la gloire et l'immortalité : électrisante consolation ! car le guerrier ne va pas au combat à condition de la victoire ; il peut recevoir des blessures ; tout n'est pas douleur dans ces blessures ; il y a aussi quelque douceur à remplir son devoir et à laisser couler son sang pour la patrie.

On a exagéré à tort le désordre de cette malheureuse et fatale journée ; une retraite ne s'exécute pas comme une parade ; mais il est à remarquer que les ennemis étaient si étonnés de leurs succès, qu'ils ne s'attachaient, dans leur poursuite, qu'aux soldats en désordre, à droite, à gauche de la route, dans la plaine.

Je me suis retiré le dernier du champ de bataille avec un escadron, et toujours *au pas,* sans que l'ennemi ait osé s'adresser à nous, quoique nous débordant de tous côtés. Arrivé près de la position où se trouvait l'Empereur, je m'arrêtai, et j'entendis distinctement Napoléon dire : *Que l'on déploie l'aigle du bataillon de l'île d'Elbe,* qui était couvert de son étui. On cria *vive l'Empereur !* mais le destin s'était prononcé ; il dut se retirer.

Le roi Jérôme, chargé, sur notre gauche, d'attaquer la ferme de Hougaumont, s'y couvrit de gloire ; le feu, sur ce point, fut constamment des plus vifs et des plus meurtriers.

Jamais le général Cambronne ni aucun général français ne prononça la réponse, d'ailleurs toute française, qu'on lui prête ; je le tiens de lui-même ; il a dû, je crois, le dire également au général Drouot. La retraite de la garde impériale ni d'aucun corps d'élite ne fut telle, qu'elle en fût réduite là ; et je n'ai jamais entendu dire qu'un officier anglais se fût vanté d'avoir fait à la garde la proposition insolente de se rendre ; il se serait fait connaître depuis longtemps, si cela avait pu avoir lieu ;

mais, je le répète, l'ennemi fuyait les corps qui conservaient leur ensemble. Ainsi les régiments qui, comme la garde, donnèrent partout l'exemple, n'eurent pas à subir une pareille humiliation, qui ne fut faite à aucun des corps de l'armée. Le mien passa la nuit dans une ferme, à côté, pour ainsi dire, du champ de bataille, où l'ennemi se garda bien de venir le troubler ; et ce n'est que le lendemain 19, à neuf heures du matin, que nous réjoignîmes, à Charleroi, le corps de cavalerie de Kellermann, auquel nous appartenions.

« La garde impériale, dit l'Empereur dans ses Mémoires (tom. 8, p. 204), fit sa retraite en bon ordre », et ne put conséquemment être sommée de se rendre. Napoléon, avec son état-major, resta longtemps au milieu de ses carrés. Ces vieux grenadiers, ces vieux chasseurs, modèles de l'armée dans tant de campagnes, se couvrirent d'une gloire nouvelle sur ce champ de bataille.

Le général Friant fut blessé ; Poret de Morvan, Devaux et Michel y trouvèrent une mort à envier.

Le général Duhesme, fait prisonnier, fut lâchement massacré le lendemain par un hussard de Brunswick, crime qui resta impuni... L'armée y fit des prodiges de valeur ; mais plusieurs chefs s'y conduisirent mal. Sans l'arrivée, à l'approche de la nuit, des 1er et 2e corps prussiens, la victoire nous restait ; et 120,000 anglo-hollandais et alliés étaient battus par 60,000 Français.

Le général Kellermann se retira avec ses régiments, son artillerie et ses blessés sur Paris. Avant d'arriver à Senlis, il me donna deux escadrons d'avant-garde de mon brave régiment, pour devancer de deux heures les troupes de son corps de cavalerie, me donnant pour instruction de presser ma marche afin d'y devancer l'ennemi, et de m'y maintenir jusqu'à son arrivée. J'appris, à une demi-lieue de cette ville, que l'ennemi y était depuis plusieurs heures. J'envoyai aussitôt un officier bien monté prendre les ordres du général; il me fit dire de continuer, et de tâcher d'enlever l'avant-garde qui s'y trouvait, qu'il supposait faible, lorsque c'etait tout un corps d'armée. Je laissai un escadron en réserve avec ordre d'attendre l'arrivée du général; je mis l'autre au galop, et entrai dans Senlis sans m'inquiéter d'un bivouac qui se trouvait en dehors. Nos cris de *vive l'Empereur!* jetèrent l'épouvante parmi les Prussiens : et la nuit nous surprenant tout-à-coup, il leur était difficile de voir ce qui se passait. Arrivé à l'extrémité de Senlis, que je traversai par sa grande rue, je dus m'arrêter pour savoir où se trouvait le camp ennemi. Les cavaliers qui avaient fui devant nous, et qui s'étaient jetés dans les rues ou ruelles adjacentes, crurent que ce moment d'arrêt était obligé par la force, se mirent à faire feu sur les flancs de

l'escadron, qui, croyant lui-même à une résistance sé-
rieuse, retourna se rallier à l'escadron resté en dehors
de la ville : cet escadron fut facilement abusé par l'obs-
curité qu'il faisait.

Resté seul avec six hommes, et bientôt entourés, ne
pouvant revenir par la grande rue, je me jetai dans l'intérieur ; arrivé près d'une petite place où se trouvaient
quelques arbres, je m'y arrêtai pour écouter ; j'entendis
que l'alerte que je venais de donner avait mis toutes les
troupes sur pied ; j'entrai avec mes six hommes dans une
maison à porte-cochère, pour éviter les nombreuses pa-
trouilles qui commençaient à circuler ; j'y passai la nuit.
Parmi les braves qui se trouvaient avec moi dans cet
embarras, se trouvaient un digne officier, nommé Bour-
geois, des environs de Saint-Quentin, un maréchal-des-
logis, un trompette et trois dragons. Au point du jour,
l'armée ennemie ayant continue sa marche, je sortis de la
ville à onze heures du matin. J'avais été obligé d'attendre,
afin qu'il ne s'y trouvât plus que quelques isolés, qui
prirent l'épouvante en nous apercevant parmi eux.

Arrivés dans la forêt de Senlis, nous y restâmes cachés
jusqu'à la nuit ; de là je gagnai les bois de Dammartin, où
je restai également caché le jour ; à la nuit, je me diri-
geai sur Meaux. A moitié chemin, nous prîmes un convoi
égaré, qu'au bruit des chaînes je pris pour de l'artillerie :

il était composé de cinquante voitures d'objets volés dans les châteaux, dans les églises, etc., etc., et escorté d'un détachement prussien, qui abandonna ses chevaux pour aller se cacher dans les blés. Je fis continuer sa marche sur Meaux, et m'empressai de l'y devancer. Le général Vandamme en était parti dans la journée, ayant fait sauter le pont ; je passai la rivière à un gué qu'on m'indiqua ; enfin, j'eus la satisfaction de rejoindre mon régiment, sain et sauf, avec mes six hommes : je le trouvai bivouaquant dans le parc de Neuilly-sur-Seine.

Quelques jours après, l'armée se retira sur la Loire, armée qui aurait englouti encore dans la Seine les armées coalisées, si les hommes du pouvoir n'eussent été vendus. Cette armée fut licenciée ; elle était l'élite du monde civilisé ; elle rentra dans ses foyers abreuvée de dégoûts ; elle donna, par sa résignation, une grande idée morale de sa composition : pas un seul homme se rendant dans ses foyers n'a donné sujet à aucune plainte : c'était l'honneur, le malheur et la gloire que l'on décimait.

Plusieurs villes du midi de la France se déshonorèrent par leur sanguinaire barbarie envers ces malheureux guerriers qui, en déposant leurs lauriers pour la patrie, après avoir remis leurs armes à la France, ne demandaient que du repos ;... ils n'étaient terribles que pour ses ennemis. Marseille se souilla en versant le sang des mamelucks de la garde... Avignon... Mais fuyons ces tristes et déplorables souvenirs ; oublions, s'il se peut, les fureurs de Marseille, le fanatisme de Nîmes et l'assassinat du maréchal Brune.

LES ADIEUX DU 1er RÉGIMENT DE DRAGONS, AU LICENCIEMENT
DE L'ARMÉE DE LA LOIRE, 1815.

Il faut nous soumettre à l'orage,
Ainsi sur les flots courroucés,
De la barque, après le naufrage,
On voit les débris dispersés,
Du moins à ces heures dernières,
Que chacun encore rallié,
En quittant ses vieilles bannières,
Donne des pleurs à l'amitié.

Ils ont fui ces instants d'ivresse,
Où, fiers des mêmes sentiments,
Bacchus, la gloire et nos maîtresses
Couronnaient nos fronts triomphants.
Alors danger, plaisir et peine,
Entre nous étaient de moitié,
Et de nos jours l'heureuse chaîne
S'embellissait par l'amitié.

Bientôt, dans un modeste asile,
Les uns des autres séparés,
Dans un repos doux et tranquille,
Nous allons vivre retirés ;
Ces noms, ces devises si chères,
Tout doit être sacrifié ;
Mais vidons-y toujours nos verres
Au souvenir de l'amitié.

Amis, si l'honneur nous rappelle,
Sur nous qu'il conserve ses droits,

L'honneur est le guide fidèle
Qui nous conduisit tant de fois.
Français, quelque nœud qui nous lie,
Nous n'aurons jamais oublié
Que nos bras sont à la patrie,
Si nos cœurs sont à l'amitié.

Vous, dont vient l'aimable présence
Adoucir nos derniers moments,
Daignez recevoir l'assurance
Des vœux les plus reconnaissants.
Heureux qu'en cette circonstance
Notre sort vous fut confié,
Nous partons avec l'espérance,
S'il nous reste votre amitié.

Par Guibout,
Capitaine au 1er régiment de dragons.

Au licenciement de l'armée de la Loire s'arrêta la splendeur de la France; depuis lors tout alla en dégénérant. Je dus, comme mes camarades, supporter pendant plusieurs années la disponibilité. La conservation et l'intégrité des grades avec solde avaient été formellement garanties; les officiers licenciés devaient être bientôt rappelés, disait-on; et, certes, il n'appartenait à aucun de nos caractères de murmurer, si l'on n'avait impolitiquement, à la même époque, donné des grades de tous côtés, en excluant les guerriers de l'Empire, en créant une maison militaire fort coûteuse, et tout cela en violation de la foi publique.

Le gouvernement dut payer ses erreurs et ses fautes;

la révolution de Juillet en fit justice. C'est ainsi que, tôt ou tard, il en arrivera des gouvernants qui repoussent l'opinion nationale. Les peuples, aujourd'hui, tiennent note des injures endurées, jusqu'à ce qu'un réveil du peuple les venge.

Les passions, sans s'éteindre, avec le temps se calmèrent un peu ; je fus rappelé à l'activité sous le ministère de M. de Clermont-Tonnerre, et dus, comme mes camarades, endurer de prendre rang après des officiers qui entraient au service au moment où on nous avait licenciés. Ainsi, au lieu d'être classé premier chef d'escadron de toute la cavalerie, je ne fus que le soixante-troisième.

J'avais reçu précédemment du maréchal Victor, duc de Bellune, une lettre que je crois devoir consigner ici, qui fait honneur à sa justice comme ministre, et à la délicatesse de ses sentiments comme homme.

Ministère de la guerre. — (Cabinet du ministre.)

Paris, le 12 juillet 1822.

« Monsieur, vous avez bien présumé de mes sentiments
» en pensant que des circonstances déjà éloignées, et
» qui vous sont d'ailleurs étrangères, ne sauraient nuire
» à vos intérêts militaires.

» Je connais vos honorables services, vos sentiments

» et les malheurs de votre position ; j'éprouve le plus vif
» désir de vous être utile, et je donne des ordres afin
» que vous soyez proposé à l'activité à la première oc-
» casion favorable qui s'offrira. Je m'estimerai moi-même
» heureux d'avoir pu faire quelque chose pour vous ;
» car c'est justice. »

Le ministre de la guerre, etc.

Plus tard, je reçus la lettre suivante de M. de Caux,
ministre de la guerre :

Ministère de la guerre. — (Cabinet du ministre).

Paris, le 18 juillet 1828.

« Monsieur, j'ai reçu la lettre que vous m'avez fait
» l'honneur de m'écrire le 10 de ce mois. Ce travail
» contient des idées sur différentes parties de l'organi-
» sation et de l'administration militaires. Je ne puis que
» vous remercier de cette communication, et vous en-
» gager à donner à vos vues tous les développements
» dont vous les jugerez susceptibles. Je les ferai exa-
» miner avec l'intérêt qu'elles méritent. »

Le ministre de la guerre, etc.

Arrivé au corps, je reçus la lettre ci-jointe :

Ambassade de Constantinople, 16 septembre 1825.

« Mon cher ***, j'ai appris avec beaucoup d'intérêt

» la nouvelle de votre mise en activité ; recevez-en mon
» sincère compliment : cette justice vous était due de-
» puis longtemps, et je vous en félicite doublement,
» puisqu'en vous la rendant, la bonne étoile de mon fils
» a voulu que vous soyez au 4e hussards.

» Je vous remercie d'avance de votre intérêt pour
» notre jeune lieutenant ; il saura le reconnaître et en
» profitera avec ardeur, heureux de trouver en vous un
» ami et un guide sûr. Je compte l'envoyer à son régi-
» ment l'année prochaine, à l'époque de la rentrée des
» semestres, afin qu'il puisse suivre complètement l'in-
» struction de l'année.

» Veuillez excuser le silence de mon fils près de son
» colonel ; il allait lui écrire, lorsqu'il a dû partir d'ici
» précipitamment pour profiter du départ d'un bâtiment
» de l'Etat qui se rendait à Smyrne, pour aller de là à
» Athènes, et toucher aux îles les plus intéressantes de
» l'Archipel.

» Je suis bien aise qu'avant de le renvoyer en France,
» il profite de son séjour dans l'Orient pour connaître
» par lui-même des contrées riches en souvenirs de
» toutes espèces.

» Recevez, mon cher ***, l'assurance de mon sincère
» attachement. »

Signé comte GUILLEMINOT.

Un bien malheureux accident, arrivé à la chasse, dont il périt, priva l'armée de ce jeune officier, qui aurait marché sur les traces de son illustre père.

Nommé, le 7 juillet 1833, au commandement du 3e régiment de chasseurs d'Afrique, j'arrivai à Bone, où je trouvai d'excellents camarades pleins de zèle : j'organisai ce régiment, dont j'étais le premier colonel.

Le commandant Beaufort, aujourd'hui colonel du 6e de hussards, était chargé de la remonte ; il voulut bien se charger du choix de mes chevaux, et je n'eus qu'à m'applaudir de ses connaissances hippiatriques.

Le brave et excellent général Duzer commandait la province ; son administration était juste, probe et conciliante. Plus tard, injustement disgracié, il s'établit colon là où il avait commandé avec sagesse, en faisant beaucoup de bien, par contre beaucoup d'ingrats.

A cette époque, d'impurs spéculateurs arrivaient de tous côtés ; et, pour être vrai, c'était à qui exploiterait l'Afrique. Des faveurs militaires trop facilement obtenues pour une course ou un court séjour affligeaient les esprits sages ; peu d'hommes voyaient autre chose qu'une conquête matérielle, ils se riaient de celle si lente de l'agrandissement de l'esprit humain, qui rend insoluble la question d'Afrique, puisque c'est une question de temps, que je ne cherche point à résoudre dans ce court exposé ; mais on fut loin d'y apporter une justice invariable alliée à une énergie qui devait exclure la force brutale qui fut parfois sanguinaire et violente. A peine arrivés parmi ces populations qui sont les mêmes que du temps de Moïse, par la religion, les mœurs et les usages, on se mit en contradiction ; car pour leur porter nos lumières, notre civilisation, notre unité, nos mœurs douces et notre humanité, nous agîmes en sens inverse ; c'était pour plusieurs, à qui copierait leurs mœurs, leurs habitudes, qu'il fallait se contenter de respecter. Aussi jugèrent-ils promptement les chrétiens, qu'ils regardent généralement comme légers, efféminés par leurs nombreux besoins. Que de fois notre aveugle présomption a été et sera encore en défaut, pour ne pas dire plus ! N'avons-nous pas entendu dire : *nous prendrons Constantine à coups de bonnets de police ;* c'était le mot favori de plusieurs, qui l'ont fatalement expié. Dès l'abord, il était facile de juger qu'en Afrique tout était et serait difficile ; non de vaincre, car la question n'est pas militaire ; l'armée, cependant, y est appelée à souffrir une intempérie capricieuse, des chaleurs insupportables ; elle n'y trouve non plus des ennemis dignes d'elle, ainsi qu'elle en trouverait en Europe ; mais, pour la patrie, elle a à supporter les ennuis d'un séjour pénible, sans distraction, des maladies et des fièvres épidémiques qui la déciment tous les ans. Cette constance à supporter ces calamités lui donne des droits à l'estime du pays et aux récompenses militaires judicieusement accordées. Je ne crois pas devoir parler de ce que coûte aussi pécuniairement ce chancre rongeur de la France.

Abdul-Rahman-Effendi, en parlant de la délivrance de l'Égypte par les troupes françaises, disait : « Ils chantaient, suivant leurs usages, parce que la plus grande partie de ce peuple est portée à la légèreté et à la folie. »

Les Arabes de l'Algérie ont la même opinion aujourd'hui.

Le Coran ordonne d'exterminer les idolâtres, ou de les soumettre au tribut ; il n'admet pas l'obéissance et la soumission volontaire à une puissance infidèle. Aussi les entend-on dire souvent : « Je suis avec toi, parce que je ne puis faire autrement (*Allah kenim*) la volonté de Dieu, » disent-ils. En cela le Coran est contraire à l'esprit de notre religion : *Rendez à César ce qui appartient à César,* a dit Jésus-Christ ; *mon royaume n'est pas de ce monde : obéissez aux puissances.*

La finesse, la ruse, le fanatisme, l'orgueil et le mépris le plus profond pour tout ce qui est chrétien ou étranger, forment le fond du caractère africain, et la nécessité peut seule les forcer à une soumission momentanée. Il n'est

pas rare d'entendre répéter : « Nous serons avec toi tant
que tu seras le plus fort. »

L'échec malheureux, mais héroïque, que vient d'éprouver le détachement de 450 hommes à Djemma-Ghaza-
ouat, est une réponse, perfide sans doute, au massacre
de la grotte enfumée du Dhara, où tout périt sans pitié;
mais les Arabes défendent le sol dont ils sont les enfants,
et notre expérience, notre civilisation devraient nous
rendre moins barbares qu'eux, et nous tenir en garde
contre leurs moyens et leurs répugnances à subir le joug
des chrétiens. N'admire-t-on pas encore aujourd'hui la
défense de la Péninsule contre les troupes de l'Empire?
Peut-on oublier l'énergique défense de plusieurs départements de la France lors de l'invasion des hordes du
nord? Pourquoi s'étonner, et ne pas, en déplorant ce
malheur, rendre justice à l'énergie de ce peuple dans la
constance de ses efforts pour son indépendance et la foi
de ses pères?

Voici, en parlant de l'occupation, ce qu'en dit M. Louis
Blanc, dans son Histoire de *Dix Ans* : « Telle que jusqu'a-
» lors on l'avait entendue, elle était de nature à donner
» aux soldats une éducation de férocité. En 1832 on
» avait vu Joussouf rentrer à Bone à la tête d'une troupe
» qui portait, surmontant le drapeau de la France, une
» tête de maure. Parmi les objets composant le butin fait

» sur la tribu d'El-Ouffia, sous le gouvernement du duc
» de Rovigo, on avait vendu à Bab-Azoum des boucles
» d'oreilles tachées de sang, et des bracelets encore
» attachés au poignet coupé !... Ce fut aussi quelquefois
» pour nous un exemple contagieux que celui des mois-
» sons brûlées, des *rassias;* et nous ne nous contentâmes
» pas toujours de ressembler aux Arabes par le costume
» de nos zouaves ou de nos spahis; ajoutez à cela toutes
» sortes d'entreprises hideuses, tentées par des indus-
» triels qui, dans l'ardeur sauvage de leur avidité, allè-
» rent, dit-on, jusqu'à exploiter des ossements humains,
» jusqu'à bâtir avec des débris des tombeaux... »

L'ordre du jour que je me vis dans l'obligation de
donner vient à l'appui de cette citation.

Bone, le 14 janvier 1835.

« L'ordonnance sur le service en campagne, du 5 mai
» 1832, article 135, recommande aux officiers, sous-
» officiers, de maintenir dans les rangs, par tous les
» moyens possibles en leur pouvoir, les militaires sous
» leurs ordres, et de forcer au besoin leur obéissance;
» ils ne souffrent pas que les militaires quittent les rangs
» pour fouiller ou dépouiller les morts, ni pour trans
» porter les blessés, à moins d'une permission expresse

» qui ne peut être donnée qu'après décision de l'affaire :
» le premier intérêt, comme le premier devoir, est
» d'assurer la victoire, qui seule peut garantir aux
» blessés les soins nécessaires.

» Le colonel recommande aux officiers de rappeler
» aux sous-officiers et soldats, que la générosité honore
» et grandit le courage ; en conséquence, les prisonniers
» de guerre ne doivent jamais être dépouillés, et chacun
» d'eux traité avec les égards dûs à son rang et au
» malheur. »

L'empereur Napoléon, de si glorieuse mémoire, ne passait jamais devant un convoi de prisonniers blessés sans les saluer, honneur qu'il rendait au courage malheureux. *C'est dire assez qu'un soldat français ne tue jamais un ennemi qui jette ses armes.*

L'article 138 ajoute : « Quand un militaire paraît mériter une mention particulière pour sa conduite dans *une grande bataille* ou *combat,* pour avoir pris un drapeau, un canon, sauvé ses chefs, ou pour tout autre acte de dévouement, il devient l'objet d'un rapport spécial, d'après lequel le commandant décide s'il doit être cité à l'ordre de l'armée, et de plus, dans un bulletin des opérations ; cette dernière mention ne peut être obtenue sans que la première ait eu lieu. Du reste, le rapport du chef de la journée, qui souvent doit être rédigé et envoyé sur-le-champ, ne doit renfermer que les éloges généraux et le récit des opérations. »

L'amour de ses devoirs veut d'ailleurs que l'on remplisse ses obligations sans calcul de ses intérêts. Les récompenses ne doivent pas déterminer, si l'on est honnête homme, à bien faire ; mais le but précieux de conquérir l'estime générale est seul louable et permis.

Les personnes qui ont motivé cette injonction me sauront gré de ne pas les qualifier, quoique l'une d'elles se soit vantée d'en avoir *tué deux de ses pistolets, et piqué seize à fond :* et c'étaient des vieillards ou à peine des adultes, conduisant des bêtes de somme, n'ayant pas une seule arme ; enfin c'était l'Afrique massacrée et dévastée au hasard.

Avouons-le vite : ce genre de vouloir imposer notre *humanité* fut énergiquement blâmé, et n'est rapporté ici que pour en empêcher le retour, si ce hideux exemple d'atroce cruauté pouvait se reproduire. Plus on a de courage, plus l'âme s'exalte, et plus on est porté à la générosité. L'homme cruel tue par la soif du sang ; ce n'est plus du courage, c'est la férocité du tigre.

Un genre qui n'est point sanguinaire, mais qui nous rend la risée de l'Europe, pour une guerre de *rassias,* ce sont les bulletins mirobolants. Ainsi on lit avec raison dans les journaux :

« Nous nous sommes élevés, il y a quelque temps en=
» core, avec énergie contre l'emphase des bulletins d'A-
» frique, qui font hausser les épaules aux militaires sé-
» rieux, et nous exposent aux risées de tout le monde ;
» nous regrettons vivement de voir des généraux avilir
» dans l'armée et dans l'opinion publique, la première et
» la plus noble des récompenses, en la prodiguant outre
» mesure, et s'écarter des traditions sévères de nos gran-
» des époques. Les précédents burlesques et les excen-
» tricités du héros périgourdin pouvaient expliquer ce
» charlatanisme; mais malheureusement l'exemple devient
» de jour en jour plus contagieux, et cette manie a gagné
» les meilleurs officiers, qui se sont acquis de bonnes
» réputations, et dont l'avancement avait semblé juste. »

Voici, au surplus, l'un des bulletins d'Afrique, en apparence des plus modestes :

(*Moniteur algérien*, 17 novembre 1835.)

ORDRE GÉNÉRAL.

« Les troupes du corps d'occupation de Bone viennent
» d'obtenir un nouvel avantage sur celles du bey de Con-
» stantine, au nombre de 500 hommes à pied, et de 400
» cavaliers; elles étaient commandées pas Ben-Aïssa, par
» l'aga de la cavalerie et par le calife d'Achmet bey.

» Le 19 novembre, le général Duzer fut informé que
» ces chefs, après avoir rançonné ou pillé plusieurs tri-
» bus, s'étaient jetés sur celle de Selma, de l'ouest du lac
» Efzara, à dix lieues au sud-ouest de Bone.

» Le général partit le soir de ce même jour avec une
» colonne composée ainsi :

» Les 2e et 3e bataillons du 59e et le 6e bataillon de la
» légion étrangère, commandés par Lepetit-d'Auterive ;

» Une batterie d'artillerie sous les ordres du chef
» d'escadron d'Armandy, et la 11e compagnie de sapeurs
» du 2e régiment, sous les ordres du capitaine Bancenel ;

» Trois escadrons du 3e régiment de chasseurs d'A-
» frique, sous le commandement du colonel * * *, qui,
» malgré les douleurs d'une ancienne blessure, a voulu
» diriger lui-même tous les mouvements de ces esca-
» drons ;

» Deux cents spahis commandés par le capitaine Del-
» cambe, et Jussuf ; enfin l'ambulance des équipages,
» dirigée par le sous-intendant Saint-Léon.

» Le lendemain, 20 novembre, on trouva l'ennemi
» posté très-avantageusement sur des collines en arrière
» d'un ravin profond.

» Les spahis, soutenus immédiatement par deux esca-
» drons de chasseurs, franchirent le ravin et s'élancèrent
» sur la cavalerie qui couvrait les hommes à pied ; elle

» fut mise en déroute après une courte résistance, et
» cette malheureuse infanterie resta seule livrée à notre
» merci : tout ce qui ne put s'échapper dans les ravins fut
» sabré ou pris.

» L'artillerie, l'infanterie et les sapeurs du génie en
» réserve ont eu le regret de ne pouvoir prendre part
» à l'action.

» La perte de l'ennemi a été de 150 hommes tués,
» 15 prisonniers; des chevaux et des mulets portant la
» marque du bey, une quantité d'armes et de bagages,
» plus de 10,000 têtes de bétail ont été reprises, et en
» partie rendues à la tribu Selma, qui s'était jointe à nous.

» Nous n'avons eu qu'un chasseur tué, et six blessés :
» quelques chevaux ont été tués.

» Ce nouvel acte de protection attache à notre cause
» toutes les tribus de la plaine, et leur prouve l'intérêt
» que nous mettons à les garantir de toute oppression.

» Le gouverneur-général rend compte au ministre de
» la guerre de ce combat honorable pour les troupes de
» Bone et pour leurs chefs, recueille les noms de ceux qui
» se sont particulièrement distingués, et appellera sur
» eux la bienveillance du Roi, etc., etc. »

Conçoit-on d'abord un tel étalage de forces pour vaincre *neuf cents hommes*, dont nous ne vîmes que la place où ils avaient couché, puisqu'ils ne nous attendirent pas.

Il est également faux qu'on leur tua 150 hommes et fit 15 prisonniers. Le 3ᵉ régiment de chasseurs n'eut ni un chasseur tué, ni six blessés ; un seul le fut, et peut-être par accident, au petit doigt de la main ; pas un seul cheval ne fut tué ni blessé ; on en perdit trois qui s'abattirent, et qui, se relevant libres de leurs cavaliers, gagnèrent la montagne : on ne les revit plus.

Sans s'arrêter au côté blâmable de mentir avec une impudence déplorable et ridicule, on croit par ce charlatanisme fâcheux forcer plus vite les faveurs militaires, qui ne donnent cependant pas la considération que les services seuls peuvent donner. Ne voit-on pas souvent de braves officiers qui n'ont pas été heureux dans leur carrière, après avoir toujours bien servi la patrie, plus considérés que des généraux qui n'ont eu aucune peine pour leur avenir que la faveur et l'intrigue ?

Le général envoya un jour son aide-de-camp, M. Lalande, demander au colonel *** ses états de service ; il pria cet officier de remercier le général, alléguant pour motif que le séjour d'Afrique méritait plus d'être encouragé que récompensé pour les faits de guerre ; qu'il le priait de vouloir bien rejeter sur les jeunes militaires ses bontés comme émulation et encouragement.

L'aide-de-camp revint avec de nouvelles injonctions ; le colonel dut y céder ; le travail fut envoyé au ministre, où il resta oublié, bien entendu ; ce n'était pas de la faveur, c'était d'anciens services glorieux à récompenser, et un dévouement douloureux donné en exemple ; on n'y fit pas attention, cela devait être.

Ainsi s'exprime le prince Plucker-Muskau, dans ses Chroniques et Journal de Voyage, sur le 3e régiment de chasseurs d'Afrique en 1835 : « J'examinai de très-près » ses trois faibles escadrons ; les hommes avaient un air » libre, aisé et martial que l'on n'obtient pas de soldats » nouvellement dressés ; les brides et tout le harnache- » ment des chevaux étaient en bien meilleur état qu'on » ne le trouve d'ordinaire dans la cavalerie française. Les » chevaux, quoique petits, étaient en général vigoureux, » faciles à manier, et infatigables comme tous ceux de » ce pays-ci. D'après tout ce que j'ai vu et entendu dire » depuis que je suis ici de ce régiment, dont le corps » d'officiers est distingué, je crois que dans son organi- » sation actuelle il est de ceux avec lesquels on peut tout » entreprendre, eu égard à sa force. Je voudrais que le » général Duzer eût seulement sous ses ordres mille de » ces chasseurs et carte-blanche, et je réponds que nous » ne tarderions pas à lire dans les journaux des nouvelles » intéressantes d'Afrique.

» Le colonel de ce régiment est un excellent cavalier ; » il ressemble si parfaitement au comte de Papenheim,

» qu'on les prendrait pour deux frères jumeaux. Quoique
» souffrant encore des suites d'une ancienne blessure, le
» colonel a assisté à cette expédition ; et d'après ce que
» le général m'a dit, il a commandé l'attaque de la nuit
» comme ne l'aurait pu faire un jeune homme. »

Un jour, arrive chez moi un homme de mon régiment,
conduisant un Arabe qui avait, disait-il, volé un licol
appartenant au corps ; il le maltraitait beaucoup. Répri-
mandé, il me dit : « C'est un voleur, un brigand. » —
« Qu'en savez-vous ? vous n'êtes pas appelé à en juger ;
» me le conduire sagement est tout ce que vous deviez
» faire, et vous serez puni de vingt-quatre heures de
» consigne. »

Je demandai à cet Arabe comment il avait le licol en
sa possession ; il me dit l'avoir acheté avec un cheval
d'un chrétien parti pour la France. Ce licol me paraissait
évidemment avoir appartenu au corps ; cet homme pouvait dire vrai, comme il paraissait mentir. Dans l'incerti-
tude, je lui dis qu'il était libre de se retirer, mais qu'il
eût à revenir le lendemain à midi ; qu'alors je garderais
le licol s'il appartenait au corps, ou le lui rendrais dans
le cas contraire ; que dans tous les cas il revînt avec
confiance, sans crainte d'être puni, puisqu'il avait été
maltraité en venant.

Je donnai aussitôt l'ordre que je passerais la revue de

cette partie du harnachement à cinq heures du matin ;
cette opération terminée, je trouvai qu'il n'en manquait
pas un seul, et que plusieurs, non-seulement étaient réparés, mais entièrement neufs. Je me doutai bien que
la crainte de réprimandes avait fait remplacer ceux égarés. A l'heure dite cet Arabe revint ; je lui remis son
licol en lui disant : « J'ignore comment tu l'as eu ; mais,
comme il ne m'en manque pas, il est bien à toi. »

Cet Arabe, ainsi que ceux de sa tribu, virent force et
jugement, enfin justice raisonnée, sans violence et vivacité : ce fut d'un bon effet parmi ces populations, nous
en eûmes la preuve ; et c'est ainsi que plusieurs déci-
sions furent prises de la même manière. Le général
Duzer voulut bien m'en témoigner toute son approbation.

J'ajoute ici, pour mémoire, deux lettres du général-
inspecteur et commandant-supérieur de la province :

ARMÉE D'AFRIQUE.

Bone, le 28 décembre 1833.

Monsieur le colonel,

« J'ai l'honneur de vous transmettre ci-joints les livrets
» et les rapports d'ensemble pour l'inspection générale
» du régiment que vous commandez. Je suis heureux de

» pouvoir vous témoigner ma satisfaction pour la direc-
» tion que vous donnez à l'esprit de corps, à la discipline
» et à l'instruction du 3ᵉ de chasseurs ; votre zèle pour
» le bien du service aura bientôt fait de ce corps l'un des
» plus beaux de l'armée, comme votre exemple en fera
» l'un des plus braves.

» Je ne puis que vous engager à persévérer dans la
» marche que vous vous êtes tracée, et où vous avez
» obtenu déjà un si beau et si bon résultat.

» Recevez, monsieur le colonel, l'assurance de ma
» considération distinguée. »

Le général, inspecteur-général,
Signé DUZER.

Bone, le 12 avril 1835.

Mon cher colonel,

« J'ai reçu votre bonne et aimable lettre, dans laquelle
» vous me témoignez la satisfaction d'avoir servi jusqu'à
» ce jour sous mes ordres. Je ne suis pas en reste avec
» vous, et je me félicite bien sincèrement des rapports
» agréables qui ont existé entre nous. Le 3ᵉ régiment
» de chasseurs d'Afrique ne pouvait, sous tous les rap-
» ports, être mieux commandé ; votre belle conduite à
» la dernière affaire est au-dessus de tout éloge. Après
» avoir fait une marche de dix lieues, bien pénible à

» raison de votre blessure, vous n'avez pas hésité à char-
» ger à deux reprises l'ennemi ; il ne dépendra pas de
» moi que vous ne soyez récompensé d'un pareil dévoue-
» ment. En attendant, agréez l'expression de ma parfaite
» estime et de mon sincère attachement.

» Votre dévoué et affectionné camarade, »

Le général commandant-supérieur de la province de Bone,

Signé DUZER.

Mes réflexions sur l'Afrique vont cesser ; mais je crois pouvoir émettre un rapprochement sur Abdel-Kader, qui, sans être un homme extraordinaire, n'en est pas moins un homme remarquable ; et c'est jusqu'à ce jour ce qui a paru de plus saillant, compris même les chrétiens, en Afrique.

Abdel-Kader rappelle Jugurtha, que l'on accusait de perfidie, et qui devint la victime d'une perfidie atroce des Romains : chargé de chaînes, il fut conduit, comme on ne peut l'ignorer, attaché ignominieusement au char triomphal de Marius, et jeté ensuite dans un cachot, où il mourut de faim, de maladie, de misère et de douleur. Par là Rome salit sa gloire et ses lauriers, et n'en dut pas moins, par sa décadence, abandonner l'Afrique. Notre civilisation met Abdel-Kader à l'abri d'un pareil traitement, si jamais il tombait dans les mains de la

France. Mais serait-il en son pouvoir, notre position dans ce pays ne changerait pas ; il serait bientôt remplacé. Il faut s'attacher, par l'expérience des siècles, à vaincre leur répugnance, et laisser au temps, qui use tout, le soin d'éclairer l'avenir, pour décider de l'avantage de l'occupation d'un pays, qui ne produit en dernière analyse que ce que le midi de la France produit, moins le vin. (1).

---

(1) Alger, capitale de la Numidie et de la Mauritanie, est le plus étendu des six royaumes ou provinces de la Barbarie. La langue est un dialecte de l'arabe ; les habitants des villes comprennent la langue franque, qui est un jargon composé d'italien, de français et d'espagnol. Ils sont, en général, forts, robustes, nerveux. Ils haïssent complètement les Européens, et faisaient, avant notre occupation, la piraterie sur les vaisseaux de toutes les puissances chrétiennes, qui n'avaient point de traités avec eux, ou qui ne leur payaient pas de subsides.

La ville, dont les rues sont étroites et mal-propres, est bâtie en amphithéâtre ; les maisons blanchies fatiguent la vue à l'ardeur du soleil vues de la rade. Quelques arcades ont été bâties depuis notre occupation, dans le bas de la ville, mais trop étroites et trop élevées, elles ne garantissent ni de la pluie ni du soleil.

Son port est dangereux dans les temps d'équinoxe, comme tous ceux des côtes d'Afrique ; les Romains en éloignaient leurs galères pendant les mauvaises saisons.

Instructions laissées au commandant par interim *du régiment.*

Bone, avril 1835.

Mon cher Commandant,

Ainsi que vous le désirez, je vous laisse par écrit mes intentions. L'ordre que je laisse au corps le rend cependant peu nécessaire ; mais, par amitié, et dans l'intérêt du service, je le fais avec grand plaisir.

Vous aurez donc à vous conformer à l'ordre que vous

Les Arabes ont entre eux de grandes animosités d'une province à l'autre ; ainsi l'ancien et dernier dey d'Alger racontait un jour, pour le démontrer, que l'on cuirait un Algérien et un Tunisien ensemble dans une chaudière, sans que leurs chairs se confondissent. De ces antipathies on peut juger de leur répugnance pour les chrétiens, et pour les renégats tels que J**', etc, etc..., qui sont sans influence près d'eux et dans une complète déconsidération : cela se conçoit.

On a eu tort de leur donner des avancements prodigieux inusités, qui blessent l'armée : nos officiers fournissent toute une carrière, pour obtenir une croix et le grade de capitaine, que l'un de ces arabes a obtenus, on peut dire en débutant, et qui tient rang aujourd'hui parmi les généraux, contrairement aux principes de la loi sur l'armée.

connaissez, ainsi qu'à celui de l'année dernière, à pareille époque.

Je pense que vous êtes du nombre de ceux qui ont pu apprécier mes bonnes intentions depuis que je commande ici, comme dans le cours de ma vie militaire. Je n'ai jamais eu d'autre but que le bien et l'utile, ainsi que l'accomplissement de mes devoirs, quand même, sans m'inquiéter des individualités, des petites passions, en un mot, de ce que le soldat appelle cancans, qui sont inévitables, surtout à cette époque, dans tout commerce avec les hommes. Ma carrière répond à tout, et les gens que j'ai pu mettre de mauvaise humeur par une juste sévérité, n'atteindront pas ma cheville du pied.

J'ai donné un grand exemple de dévouement dans l'état de souffrance où je suis venu en Afrique : cela fait preuve que mon obéissance militaire est entière, et c'est ainsi qu'elle doit être chez tous. J'ai déshabitué le corps de plusieurs manies anti-militaires, qui entravent et affaiblissent l'impulsion du service. Vous aurez donc, pendant mon absence, à en empêcher le retour.

Je sais qu'il peut être pénible, dans le doute, de laisser un homme puni injustement ; mais ne levez aucune punition que vous ne soyez bien éclairé, car l'abus de les lever légèrement est infiniment plus grave que celui contraire : il détruit l'autorité. Annoncez-vous, comme je l'ai fait, pour être tel, et vous n'aurez que peu ou point de réclamations. Si vous deviez commander longtemps le régiment, je prolongerais mes observations ; mais c'est un fardeau momentané, dont j'aurai à vous remercier. Vous aurez à maintenir la méthode, l'ordre, la discipline, la propreté que j'ai établis, qui commencent à se comprendre. Vous en auriez vu les résultats, si nous avions eu, comme sous l'Empire, une guerre européenne. Cela n'est peut-être pas sensible pour tous ; mais les esprits droits en sont pénétrés. Soyez vous-même, en un mot, pour tout ce qui tient au service, à la discipline ; n'ayez que votre volonté, guidée par votre conscience, votre droiture, appuyée du réglement, sans vous en écarter.

Pour l'administration, ainsi que j'en laisse l'instruction, faites, à des questions imprévues, prendre l'avis des intendants dans leurs attributions : ma devise vous est connue, elle ne peut nuire : *faire peur s'il en est besoin, jamais de mal et toujours le plus de bien possible à tous.* J'en ai déjà fait beaucoup au régiment ; aussi le grand nombre me rend justice : le soldat sait que j'ai fait des ingrats ; c'est pour moi presqu'un plaisir d'en faire : et la peur de l'être me fait préférer l'excès contraire. On est trop heureux de faire le bien, pour compter sur la mémoire en pareil cas.

Je vous recommanderai de ne pas fatiguer le soldat inutilement, à moins que cela ne soit nécessaire : alors, comme de juste, il faut qu'il agisse. L'allure naturelle du régiment, son service, ses corvées tiennent ici les hommes assez en haleine. On doit craindre, dans ce climat, les intranspirations, tant pour les hommes que pour les chevaux, cause de toutes les maladies. Je sais que les hommes, arrivant au corps, n'ont pas tous le même degré d'instruction ; mais, s'il est utile que le maniement des armes se fasse correctement en parade, ce qu'ils en savent les aide déjà presqu'assez. Si le temps le permet, faites faire souvent l'école des tirailleurs : c'est ce qu'il y a de vraiment utile, et qu'on ne saurait trop savoir. Ne souffrez aucune innovation dans l'instruction, le service et la tenue.

Cette lettre vous donne une connaissance imparfaite de tout ce que je pourrais ajouter ; mais je n'ai que le temps de vous donner un simple aperçu, afin que vous puissiez donner et suivre la même impulsion. Il est nécessaire au bien du service qu'un régiment soit toujours commandé dans le même sens. Dans un corps bien formé, où l'esprit militaire est bien compris, un sous-lieutenant viendrait à le commander, qu'on ne devrait pas s'en apercevoir. Au surplus, j'ai pour guide mon expérience et le souvenir des chefs recommandables sous lesquels j'ai servi, c'est du positif; au lieu que le caprice ne repose sur rien; le mieux est donc, ainsi que le veulent le réglement et les ordonnances en campagne, de les suivre, de les bien savoir et de les faire connaître, de servir enfin avec principe et zèle.

Je sais très-bien qu'il est plus attrayant pour certaines personnes de ne suivre que ses caprices; on n'a pas la peine de s'instruire. Mais les hommes, sous de tels caractères, ne sont pas heureux et servent mal. Il est plus tôt fait de faire des postillons des cavaliers, et de leurs chevaux des bidets de poste; mais l'on ne fait pas de cette manière des cavaliers instruits et aguerris; je ne l'ai pas appris ainsi, et je doute que les excès, que tout ce que j'ai vu de bizarre et d'extravagant ici, puisse mener à bonne fin. Il faut, dans l'intérêt de l'état, dans la cavalerie, s'attacher à la faire durer le plus longtemps possible : et cela ne s'obtient qu'à force de soins et de surveillance.

Conformez-vous bien aux instructions que j'ai laissées, et faites part, comme consigne, à celui qui pourrait vous remplacer, de mes intentions, en cas que vous tombiez malade, ce que je ne pense pas; mais il faut tout prévoir.

Évitons la jactance surtout et le charlatanisme, dont personne n'est dupe, dans nos courses aux *rassias* et aux

Arabes, que les bulletins tuent avec une si grande facilité, que si l'on voulait en faire le relevée, l'Afrique serait dépeuplée depuis longtemps. Vous savez, ainsi que le régiment, que je n'ai eu qu'un poignard de marin à ma ceinture, ou une badine à la main : c'est, selon moi, tout ce que cela vaut ; ne donnons pas plus d'importance aux hommes qu'aux choses, et qu'elles ne peuvent valoir.

On sait que, pendant une guerre qui en vaudrait la peine, nos officiers et nos soldats sont capables de tout avec honneur et bravoure ; mais pendant la paix, en France, le système est mauvais depuis longtemps : l'erreur de l'époque actuelle veut qu'ils ne soient pas ce qu'ils sont, et on veut qu'ils soient ce qu'ils ne peuvent pas être. On pousse l'instruction des hommes jusqu'au dégoût ; et, au lieu de conserver le cachet soldatesque, on fait d'un hussard un pédant. Adieu donc le metier de soldat. On ferait bien mieux de ne rien outrer, et de leur donner, ainsi qu'aux officiers, des habitudes actives et dures, qui se rapprochent des fatigues de la guerre. Les camps de tous les ans ne sont que des camps de plaisance fort coûteux, et plutôt des revues de parade, au lieu de faire des marches forcées, de jour et de nuit, dans les chemins les plus difficiles pour toutes les armes, prendre ensuite des positions où l'on se trouve, faire la soupe sur le terrain , en un mot, pendant six semaines que durent ces camps , être et agir comme devant l'ennemi, de manière à rester le plus près possible de l'état de guerre et des troupes en campagne ; imiter en cela les guerres de la république et de l'empire, et non les camps somptueux de Louis XIV ; faire que les hommes et les chevaux s'endurcissent à la fatigue ; faire bivouaquer toutes les armes indistinctement, et ne fournir que la paille pour se coucher, ce qui serait du luxe, puisqu'en nos campagnes nous n'avions souvent que la boue ou la neige. Les princes seuls seraient autorisés à avoir une tente pour la nuit. Les hommes, ainsi exercés, arriveraient durcis aux fatigues physiques et morales, puisque ces exercices éloigneraient la molesse qui effémine ; et les soldats ainsi exercés seraient plus aptes au séjour d'Afrique. Il serait bon, au sortir de ces marches et évolutions, de choisir immédiatement les hommes devant partir pour s'y rendre. On ne peut mettre en oubli que nos régiments d'infanterie de l'empire faisaient de seize à vingt lieues par jour, sans qu'un homme restât en arrière , portant de soixante-dix à quatre-vingts livres de poids.

J'entendis , peu de jours après notre départ de Moscou, le maréchal Davoust dire à l'Empereur que le repos d'un mois de cette ville était cause que son infanterie n'avait pas marché selon son habitude ; elle avait pourtant fait ce jour-là seize lieues. Napoléon lui répliqua que c'était pourtant assez bien marcher.

Mais je m'oublie ; je parle de ce qui devrait se faire en France, et nous sommes en Mauritanie.

N'oubliez pas, ce que j'ai souvent recommandé, de ne faire mettre le sabre à la main qu'au moment de prendre, si l'on peut, l'ennemi par la barbe ; et cela se conçoit : un sabre indique et inspire l'élan du courage au moment où on le tire du fourreau. Il est donc important, à la guerre, de ne le tenir qu'au moment même d'agir ; le soldat qui est fatigué de l'avoir à la main se refroidit, devient machine.

Je vous autorise à faire de cette lettre l'usage qui vous semblera utile ; je sais que, quelque soit la manière dont on veut procéder, on rencontre toujours des caractères ou des difficultés qui entravent. Je ne parle pas des criailleries, car j'ai pour principe qu'il faut avoir le cœur de faire et vouloir le bien, sans attendre d'autre récompense que l'estime des uns et la calomnie des autres.

Pendant mon séjour à Bone, je présidais le 2ᵉ Conseil de guerre permanent. Je me propose de réunir en un recueil les causes qui y ont été portées ; plusieurs sont d'un d'un grand intérêt. Il était composé ainsi qu'il suit :

ARMÉE D'AFRIQUE.

(*Place de Bone.*) — Justice militaire.

MM.

Le Baron***, C^olonel du 3e rég. de Ch^rs d'Afr. *Président.*

Magnier, Chef de bataillon, Légion étrangère.
Bompard, Capitaine d'artillerie.
Aubert, Capitaine de grenadiers, 59e régim.
Gamelon, Lieutenant de grenadiers, 59e régim.   } *Juges.*
Clemandot, Sous-Lieutenant de volt. 59e rég.
Bouillard, Sergent-Major, 59e régiment.

Delacombe Capit. de cav. à la suite, *Commissaire du roi.*
David, Capitaine au 59e régiment,   *Rapporteur.*
Pajot, Serg.-Maj. de gren. 59e rég. *Greffier.*

Bone, le 23 janvier 1833.

Le général commandant-supérieur de la province de Bone,

Signé Duzer.

J'ai rapporté dans ces Souvenirs la composition de ce Conseil, parce que je prends plaisir à donner au personnel qui en faisait partie la preuve que j'ai conservée de son intelligence éclairée.

Le capitaine David remplissait ses fonctions avec un talent remarquable.

Au moment de quitter l'Afrique, un de mes amis qui, par le goût des voyages hors d'Europe, où les réflexions triviales sur les nations se ressemblent toutes, à peu de chose près, voulut méditer sur ce qui tient à l'Asie; il me pria, sur d'anciennes conversations que j'avais eues, de lui donner une note sur Constantinople, Malte et l'île de Minorque. Voici ce que je lui écrivis :

« Je vous adresse, mon cher voyageur, la lettre que vous me demandez pour le premier drogman de la Porte, M. Cor, qui vous sera fort utile, si vous avez occasion de mettre son obligeance à l'épreuve, mais dont la connaissance vous sera dans tous les cas fort agréable : je vous engage même à la rechercher aussitôt votre arrivée dans la capitale de Constantin.

» Que votre goût, prenez garde, pour les nouveautés de l'Orient, n'aille pas jusqu'à vous faire circoncir pour leur plaire; n'imitez pas le comte de Bonneval dans ses aventures, dont vous avez sans doute entendu parler dans votre jeunesse, et tâchez de nous revenir bon chrétien, si vous voulez gagner le septième ciel avec nous. *Amen.*

» Quant à Constantinople, vous la verrez d'assez loin avant d'y arriver, car elle est bâtie, comme Lisbonne, en amphithéâtre qui s'abaisse insensiblement vers la mer, ce qui rend facile de voir d'un seul coup d'œil les maisons et les édifices publics de cette grande ville. Le palais du sultan est à l'une des extrémités, et paraît faire une ville à part, où l'or brille sur les dômes des mosquées, répandues partout, aussi brillants, aussi riches que le dôme de nos Invalides, usage appliqué aux édifices religieux de Moscou.

» Vous remarquerez le port; on le dit admirable; celui d'*Amsterdam*, si beau, n'est rien en comparaison; les arsenaux sont dignes d'une attention particulière, et surpassent ceux de Brest et de Toulon. La ville, par elle-même, n'a rien d'extraordinaire que sa position et son étendue; comme dans toutes les villes de l'Orient, les rues sont étroites et irrégulières; la symétrie et l'architecture occidentale y sont peu goûtées; vous n'y verrez pas un seul beau quartier; le sérail même est un amas de maisons les unes sur les autres; il n'y a que les jardins que l'on dit de bon goût; mais je vous conseille de vous en tenir à distance; un profane tel que vous pourrait exposer sa personne à une réduction, sans compter le plaisir classique de ce pays pour l'empalement et le cordon. J'aime à croire que vous ne tenez pas à rapporter une preuve mutilée de votre excursion en Orient.

» On dit les maisons belles intérieurement; les riches ont beaucoup de luxe en tapisserie, en porcelaine, et ont en général le goût des colifichets en ivoire et ébène à l'instar, je suppose, de notre goût efféminé pour nos étagères de femmes équivoques.

» Ils ont, selon moi, de gracieuses superstitions ou allégories : ainsi la rose y est représentée comme la sultane favorite du *bulbul*, nom du rossignol.

» Vous y remarquerez de beaux édifices ; ce que j'en ai lu, dans je ne sais plus quel auteur, m'est resté gravé ; mais ils sont rares et bâtis par les Grecs. Ste Sophie, comme vous ne pouvez l'ignorer, passe, comme monument grec, pour le plus beau morceau d'architecture qu'il y ait au monde.

» Les faubourgs de Péra, de Galata sont connus, même des personnes qui n'ont jamais visité cette ville : les rues en sont larges et droites. C'est là qu'habitent les ambassadeurs et les marchands étrangers. En un mot, vous ne serez pas sans admirer la position de la ville, qui est ravissante, ainsi que les belles eaux de la Propontide, qui en baignent le bas ainsi que le pied du château des Sept-Tours. Ne quittez pas ces parages sans visiter les îles des Princes, séparées de Constantinople par la mer de Marmara, en vue de la ville. Je me rappelle en avoir lu des descriptions ravissantes : c'est peut-être ce qu'il y a de plus beau à voir dans le monde connu.

» N'oubliez pas, si vous trouvez ma lettre trop longue et pédante, que c'est vous qui l'avez voulu et demandé. Au surplus, plus on a de renseignements sur les contrées que l'on visite avant d'y aller, mieux l'on s'en trouve. Je m'estimerai heureux de vous les avoir donnés, s'ils

peuvent vous être agréables et utiles : ma mémoire aura
cette fois été bonne à quelque chose. Au nombre des
réflexions philosophiques que vous ferez en Asie, vous y
remarquerez sans doute moins de contradictions qu'en
Europe.

» Si vous visitez l'île de Minorque, arrêtez-vous à Ma-
hon : son port est le plus beau de la Méditerranée :
son embouchure est fort étroite, et je ne pense pas que
deux vaisseaux à la fois puissent y passer en même
temps. Il s'élargit tout d'un coup, et fait un beau bassin
oblong, qui a une grande demi-lieue de large, et une
bonne lieue de long, entouré d'une grande montagne
couverte d'arbres d'une hauteur extraordinaire, qui
couvre le port de tous les vents; car, dans les plus
grandes tempêtes, il est toujours calme et aussi uni
qu'une glace; il est partout de la même profondeur : les
bâtiments, venant de l'Inde, y donnent fond à quatre pas
de terre. Jeté jusque là par un coup de vent, que je n'ai
pas regretté dans une traversée d'Afrique, j'ai conservé
ces souvenirs, on dirait presque pour vous. L'île de Minorque me rappelle qu'au commencement de la guerre
de Sept Ans, un ambassadeur anglais, qui résidait près
du Grand-Frédéric, et dont il aimait l'esprit et l'entretien, vint lui apprendre que le duc de Richelieu, à la
tête des Français, s'était emparé de l'île et du fort

St. Philippe. « Cette nouvelle, Sire, est triste, lui dit-il, mais non décourageante. Nous hâtons de nouveaux armements, et tout doit faire espérer, qu'avec l'aide de Dieu, nous réparerons cet échec par de prompts succès. — Dieu, dites-vous? lui répliqua Frédéric : je ne le croyais pas au nombre de vos alliés. — C'est pourtant, reprit l'ambassadeur piqué, et voulant faire allusion aux subsides anglais que recevait le roi, c'est pourtant le seul qui ne nous coûte rien. — Aussi, répliqua le malin monarque, vous voyez qu'il vous en a donné pour votre argent. »

« Cette répartie me rappelle celle qu'il fit au marquis de Valory, ministre de France près de lui : prenant un jour congé, il demanda ce qu'il pourrait obtenir du roi, son maître, de plus agréable pour Sa Majesté prussienne. « Une seconde révocation de l'édit de Nantes, répondit Frédéric. »

» Votre intention est de voir Malte, reine de la Méditerranée ; je ne puis que vous y encourager ; l'église Saint-Jean est une merveille qui ne se peut voir nulle part ; ses dalles en mosaïque et ses balustrades d'or sont une chose des plus étonnantes et d'un travail des plus remarquables ; en un mot, ce sont de ces choses qui, comme certains monuments religieux des anciens âges, ne se renouvelleront plus, et dont plusieurs, commencés, ne seront même pas achevés. Aujourd'hui, en Europe, on ne vise plus au durable ; on a l'air de craindre à chaque instant la fin du monde ; on vise à l'utilité du moment et à l'économie.

» Malte elle-même est une ville curieuse par sa position et ses fortifications. *Bonaparte* l'a prise en allant en Égypte ; et c'est à cette occasion que le général Caffarelli lui dit qu'il était bien heureux qu'il se fût trouvé quelqu'un dans la place pour en ouvrir les portes, par l'impossibilité qu'il y aurait eu à y entrer sans cela. Ses mœurs vous étonneront ;... on y vend certaines raretés... fort bon marché, que l'on paierait partout ailleurs fort cher, surtout à Paris, si on y ajoutait foi...

» Bon voyage ; revenez complet ; conservez-moi souvenir pendant votre course ; ma pensée vous suivra en vous enviant de pouvoir courir le monde à votre volonté.

» Rapportez-moi du Levant une livre de bon tabac à fumer.   Votre affectionné,   * * *. »

Nommé à cette époque au 5e régiment de chasseurs, je m'y annonçai ainsi :

« Le colonel se félicite d'être appelé au commandement du régiment, et d'y trouver les bons officiers-supérieurs qu'il s'applaudit de voir à la tête d'un corps d'officiers distingués. Aidé du concours général et de l'excellent esprit des sous-officiers et chasseurs, il a l'assurance de voir maintenir et augmenter sa bonne discipline, sa réputation et son bon esprit ; il fera tout pour sa gloire à venir s'il y a lieu ; ses états de service seront inscrits sur les livres d'ordre et lus aux escadrons, afin que le corps sache qui le commande. Sa profession de foi est la vôtre, c'est-à-dire toute française, toute à la gloire et au bonheur de la France, ainsi qu'à l'honneur du régiment, qu'il regardera comme sa famille. Il n'est ni de l'ancien régime, ni du régime despotique, ni de la licence ; il désire que la Charte soit *une vérité;* il tient à l'ordre et au bonheur public ; en un mot, soldat dévoué à sa patrie. Ses intérêts particuliers n'ont jamais été rien pour lui, et fléchiront toujours devant ceux des braves qu'il est appelé à commander ; il n'aura donc qu'à s'occuper continuellement d'eux ; il saura faire valoir leurs droits, et aucune injustice ne sera faite ni tolérée : comptez sur l'équité de votre colonel.

» La discipline sera, ce qu'elle doit être, juste et sévère ; il n'aura de préférence que pour les meilleurs sujets; ainsi les braves d'une bonne conduite sont sûrs que leurs droits à l'avancement seront sacrés pour lui. Si quelques mauvais sujets se glissaient parmi nous, la bonne discipline et le bon esprit du corps en auraient bientôt fait justice.

» Le colonel recommande la plus grande énergie dans le service : non pas cette énergie mal entendue qui fatigue, rend le service pénible et douloureux, mais de celle toute militaire, franche, loyale, d'une surveillance bienveillante qui annonce aux hommes qu'on s'occupe constamment d'eux, et qu'à côté des encouragements se trouvent aussi, pour toutes espèces de délits, les justes répressions militaires.

» MM. les officiers de tous grades doivent souvent voir l'intérieur de leurs escadrons, et cela à des heures inaccoutumées. MM. les adjudants-majors ne peuvent trop multiplier leur présence partout, de nuit et de jour, de manière à faire croire à leur permanence habituelle au quartier ; ils exigeront encore plus d'activité des adjudants-sous-officiers.

» Le colonel recommande l'observation des réglements et ordonnances militaires, tant sur l'administration que sur le service et la tenue ; on ne s'en écarte jamais qu'au détriment de la bonne tenue, de la discipline, et quelquefois de la délicatesse.

» Maintenons notre zèle et notre dévouement à la patrie ; le bon exemple ne vous manquera pas. Le colonel saura, dans l'accomplissement de ses devoirs, vous faire aimer le service, vous le rendre facile, et faire tout pour augmenter la prospérité militaire de sa nouvelle famille ;

prenons pour devise *le devoir et le service avant tout.*

· » Il quitte un bon et brave régiment dans le 5ᵉ de chasseurs d'Afrique, qui n'a eu que des succès pendant le temps qu'il l'a commandé ; il lui fera savoir combien il est heureux d'être à la tête du 5ᵉ de chasseurs. »

Le colonel du régiment,

*** * ***

*Opinion du colonel***, sur l'arme de la lance, donnée en* **1838.**

L'utilité de la lance pour l'arme des cuirassiers me paraît tellement démontrée, que je crois pouvoir expliquer mon opinion en peu de mots. Les premiers essais que l'on fera de la lance dans la grosse cavalerie, en augmentant sa force et sa majesté, leveront les objections et vaincront facilement les préjugés ainsi que la routine. Les peuples qui s'en servent pour leur cavalerie légère, ne le font que par habitude et économie ; les cosaques en sont la preuve : cette cavalerie légère a rendu aux armées qu'elle couvrait plus de services par le nombre que par la lance, qui, dans le service des troupes légères, est peu redoutable ; cette arme ne l'étant qu'en ligne sur les masses ou carrés, elle me semble naturellement dévolue aux cuirassiers. Je la crois tellement utile et imposante, que l'on pourrait, sans le moindre inconvénient, en armer presque tout ce qui n'est pas cavalerie légère. Cette dernière arme n'a besoin que d'un sabre, et d'obligation des armes à feu, afin que, sans la voir, on l'entende et connaisse sa position. Une ligne de grosse cavalerie s'ébranlant sur des masses d'infanterie, aura un avantage incontestable à être armée de la lance, ainsi que sur une ligne de cavalerie armée de sabres seulement.

Les puissances étrangères n'ont pas hésité, et ont déjà armé de lances leur grosse cavalerie. Jadis nos chevaliers armés de pied en cape, se servaient avantageusement de cette arme; ils la considéraient avec raison comme inséparable de la cuirasse.

Le cuirassier armé d'un sabre peut-il atteindre facilement le soldat d'infanterie qui lui présente la baïonnette? Evidemment non; la lutte est donc, dans ce cas, tout à l'avantage de l'infanterie, qui a, de plus, son arme chargée, et la longueur du fusil sur le sabre du cavalier, qui doit déranger sa position s'il veut l'atteindre pour pointer ou sabrer; car, à la guerre, tout ne se fait pas aussi méthodiquement qu'aux exercices de garnison. Si, au contraire, le cavalier est armé de la lance, l'avantage est pour lui sans qu'il dérange sa position ou perde son aplomb. Rien alors ne pourra résister à une charge en ligne présentant les têtes de chevaux pour ainsi dire armées et hérissées de fer, ce qui résoudrait l'animal fabuleux, puisque chaque cheval se trouverait transformé en licorne, plus dangereuse que celle de la Fable, puisque la lame est mobile.

J'ai vu dans les guerres de l'empire l'infanterie russe se coucher au lieu de se rendre, et la grosse cavalerie avoir peine à l'atteindre pour la pointer.

Opinion du colonel * * * *sur l'utilité du* tiercement *dans la* cavalerie.

Cette mesure désirable, et qui paraît, au premier abord, devoir rencontrer des inconvénients, n'en froisserait que très-peu, qui seraient amplement dédommagés en ce qu'elle détruirait des abus, et déracinerait des habitudes rarement bonnes, et souvent nuisibles ; ainsi, il y a quelquefois désaccord entre les capitaines en premier et les capitaines en second ; s'ils sont par trop intimes, le service s'en relâche ; à la longue les sous-officiers captivent quelquefois les officiers et *vice versâ*. Je partage la pensée qu'un tiercement romprait les habitudes trop intimes, et détruirait aussi les incompatibilités qui existent quelquefois, si nuisibles au bien du service.

Ainsi les lieutenants et sous-lieutenants devraient, tous les ans, être classés, ainsi que les capitaines en second et les capitaines en premier tous les deux ou trois ans.

*Opinion du colonel * * * sur l'utilité des marches militaires.*

Les marches militaires ne se feraient-elles que sur les grandes routes ou chemins de traverse, ainsi que cela a lieu chaque année, seront toujours utiles, en ce qu'elles habituent hommes et chevaux à la marche avec armes et bagages ; mais là se borne forcément presque toujours cet exercice, attendu que le pays, autour des garnisons, ne permet aucune excursion dans la campagne. A chaque instant, si un régiment quitte la route, il est aussitôt menacé par un garde-champêtre d'un procès-verbal que les corps ne savent comment payer, quand il y a lieu, si ce n'est par le colonel.

L'instruction du 10 avril 1851 ne peut donc recevoir qu'une exécution fort incomplète.

Ici cessent bientôt mes souvenirs. Et n'ai-je pas à entretenir le lecteur, s'il est militaire, des ennuis de la vie de garnison, des abus et des erreurs qu'il est à même de remarquer comme moi ; il y aurait beaucoup à dire, ne serait-ce que sur les inspections, où les inspecteurs sont quelquefois bien au-dessous de leur mission, trop heureux encore quand ils ne mettent pas leurs passions à la place de la froide raison et du droit, ainsi qu'on l'a vu faire, et ne pas rougir de se faire remplacer par leurs officiers d'état-major-adjoints, pour vérifier la comptabilité, qu'ils ne connaissent pas tous, et n'être pas plus capables sur le reste.

On se plaint généralement, et avec raison, de notre époque paperassière, que les intendants ont intérêt à augmenter pour donner à leur corps une importance dominante et influente, qu'ils n'ont que trop acquise depuis la paix. On se rappelle que, malgré nos misères et calamités, l'esprit français dominait souvent nos maux : le texte des plaisanteries sur les intendants militaires, les payeurs et les employés des vivres ne s'est jamais tari, pas plus que celles de Molière sur les médecins...

Aujourd'hui même, temps de garnisons ou camps de plaisance, quand il fait beau, on glose sur les corvées et les susceptibilités du corps de l'intendance, époque certaine des distributions régulières ; mais vienne la guerre, on se passe d'eux, on ne les trouve plus que dans les meilleurs logements.

Voici ce que l'on trouve dans l'*Essai sur le Despotisme,* par Mirabeau, tom. 8 ; on remarquera que le mal vient de loin :

« Cette manie de la plume, qui date de Louis XI, à
» laquelle Colbert donna des forces nouvelles, est par-
» venue à un point inconcevable ; bien loin que l'admi-
» nistration ait changé à cet égard, elle s'est appesantie ;
» les papiers et les détails ont tout absorbé ; l'on ne sau-

» rait faire sergent le plus brave, le plus expérimenté
» soldat, s'il ne peut écrire.

» Le secrétaire d'un de ces espions décorés, que l'on
» appelle *inspecteurs*, et qui ont introduit dans le mili-
» taire le despotisme le plus minutieux et le plus avilis-
» sant, a plus de papiers que n'en avait autrefois le mi-
» nistre de la guerre ; avec la plume on gouverne, et sans
» appel, le militaire, etc.

» Quand le premier pas est fait dans ce genre, les
» détails vont toujours croissant ; chacun de ces détails
» demande un homme, parce que chaque homme demande
» une place ; les papiers se multiplient, il faut des aides
» aux détailleurs, et cela se subdivise à l'infini, etc.

» Si, sous l'empire romain, composé de provinces qui
» forment aujourd'hui des royaumes, les affaires se fus-
» sent traitées avec le même appareil et la même pro-
» lixité qu'elles se traitent aujourd'hui, il est très-dou-
» teux que la ville de Rome et les faubourgs eussent pu
» suffire à contenir et à loger les bureaux. »

Que dirait donc Mirabeau aujourd'hui..., lorsque l'on
voit les ministères, depuis 1830, augmentés de plusieurs
milliers d'employés.

Près de terminer, j'ai pensé ne m'être point laissé trop
entraîner à mon culte pour nos anciens et glorieux
souvenirs. Accusé de fanatisme, peut-être, je m'incline

devant le génie malheureux qui trouva encore, malgré ses agonisantes souffrances, la mémoire du cœur, si rare à l'homme, et plus rare aux souverains; il légua à mon bon et honorable père un souvenir, dans un codicile en date de Longwood, du 24 avril 1821. Il doit m'être permis de donner ici un dernier hommage à l'homme d'un si rare et si vaste génie, qui rappelle par rapprochement, en les surpassant, Annibal, César et Frédéric; César punit la neuvième légion à Plaisance, Frédéric le régiment de Bernbourg à Dresde; Napoléon punit en Italie un régiment d'artillerie, et rendit, à Vienne, une aigle à un régiment qui en était privé depuis quelque temps.

Annibal battu à Zama, César à Durazzo, Frédéric à Kolin (1), ne songent qu'à consoler leurs armées; Napoléon, dans ses adieux à sa garde, prend à cœur de la rassurer, en lui disant : « Ne plaignez pas mon sort. »

Les Mémoires de Brandebourg valent bien les Anti-

---

(1) Un jour Frédéric passant la revue de ses troupes, aperçut dans les rangs un soldat balafré, et lui demanda, en riant, dans quel *cabaret* il avait été ainsi maltraité. — « A Kolin, lui répliqua-t-il, où vous avez payé votre écot. » Frédéric, charmé de l'à-propos, s'occupa de son avenir.

Catons ; les œuvres du philosophe de Sans-Souci, l'Analogie, l'Art de la guerre, le Voyage et l'Instruction aux généraux valent les Commentaires ; mais l'éloquence des Bulletins, des Proclamations et les Mémoires de Napoléon valent encore mieux que tout cela ; son immense génie, qui embrassait tout, et la pureté de ses mœurs, en feront plus qu'eux un demi-dieu, supérieur, en un mot, à Alexandre, à Henri IV et Louis XIV : il n'eut pas comme ces grands hommes les faiblesses de l'humanité.

Qui n'a lu avec émotion dans les *Souvenirs de Sainte-Hélène,* les réflexions ci-jointes, de Napoléon :

« Après tout, dit-il, venant de parcourir le recueil calom-
» nieux de Goldsmith, après tout, ils auront beau retran-
» cher, supprimer, mutiler, il leur sera bien difficile de
» retrancher tout-à-fait. Un historien français sera pour-
» tant bien obligé d'aborder l'empire ; et s'il a du cœur,
» il faudra bien qu'il me restitue quelque chose ; qu'il
» fasse ma part ; et sa tâche sera aisée, car les faits par-
» lent ; ils brillent comme le soleil.

» J'ai refermé le gouffre anarchique et débrouillé le
» chaos ; j'ai dessouillé la révolution, ennobli les peuples
» et raffermi les rois ; j'ai excité toutes les émulations,
» récompensé tous les mérites, et reculé les limites de
» la gloire ; tout cela est bien quelque chose ; et puis,
» sur quoi pourrait-on m'attaquer qu'un historien ne

» puisse me défendre? Serait-ce mes intentions? mais il
» est en fonds pour m'absoudre. Mon despotisme? mais il
» démontrera que la dictature était de toute nécessité.
» Dira-on que j'ai gêné la liberté? mais il prouvera que
» la licence, l'anarchie, les grands désordres étaient encore
» au seuil de la porte. M'accusera-t-on d'avoir trop aimé la
» guerre? mais il démontrera que j'ai toujours été attaqué.
» D'avoir voulu la monarchie universelle? il fera voir qu'elle
» ne fut que l'œuvre fortuite des circonstances; que ce fu-
» rent nos ennemis eux-mêmes qui m'y conduisirent pas à
» pas; enfin, sera-ce mon ambition? ah! sans doute, il m'en
» trouvera, et beaucoup, mais de la plus grande et de la
» plus haute qui fût peut-être jamais! celle d'établir, de
» consacrer enfin l'empire de la raison, et le plein exer-
» cice, l'entière jouissance de toutes les facultés humai-
» nes!... Et ici l'historien, peut-être, se trouvera réduit
» à devoir regretter qu'une telle ambition n'ait pas été
» accomplie, satisfaite »...

On trouve la même grandeur dans ses pensées que dans
ses actions; en voici encore un exemple :

Consultant le conseil d'Etat sur les armoiries qu'il con-
venait de prendre et de donner à l'empire français, quelqu'un proposa le *Lion* de la gueule duquel sortent des
abeilles; *Force et Douceur* serait la devise. « Cela n'est
pas mal, dit Napoléon; mais le lion marche à quatre
pattes; cherchons, parmi les oiseaux, un emblème plus

noble. » — « Le *Coq*, s'écria aussitôt un conseiller, est le symbole du courage et de la vigilance, comme le Français dont il porte le nom ; il est gai, même en amour. » — « Soit, dit l'Empereur ; mais il vit sur le fumier, et les renards le mangent : *prenons l'Aigle.* »

Qui ne sait que toutes les fois que l'Empereur sortait, c'était dans un but utile, et ni prince ni fonctionnaire public n'ont donné moins de temps à leurs distractions ; il s'arrangeait pour que ses délassements même ne fussent pas stériles ; ses courses avaient toujours pour objet la visite de quelque point qui avait attiré son attention. Il prenait, à la première vue, un aperçu du terrain et des travaux commencés, et se formait une idée nette de la meilleure direction à leur donner, de leur durée probable, et des dépenses qu'ils occasionneraient. A son retour, il chargeait ses ministres de convoquer les chefs de division, les ingénieurs et les hommes de l'art, et de les amener à un conseil qu'il présidait. En entendant la lecture de leurs rapports, il y appliquait les premières notions qu'il avait recueillies sur les ouvrages projetés ou commencés, et il avait déjà arrêté dans sa tête les perfectionnements dont ils étaient susceptibles. Malgré la rapidité du coup-d'œil qu'il y avait jeté, il avait pris une connaissance des détails aussi juste qu'auraient pu le faire les hommes spéciaux qui en avaient fait leur étude assidue.

Des facultés merveilleuses, produit d'une intelligence vive et pénétrante, et d'une raison solide, froide et sûre; un génie secondé par l'étude, dont l'ardeur dévorante triomphait du temps et de l'espace, que les travaux les plus arides ou les plus prolongés ne pouvaient lasser, qui puisait au contraire une nouvelle vigueur dans leur diversité; un esprit vaste, qui embrassait l'ensemble des questions les plus élevées, et qui descendait dans les détails les plus minutieux; un coup d'œil vraiment extraordinaire, auquel des illuminations soudaines dévoilaient ce que de longues études ne font pas toujours apercevoir au commun des hommes; une mémoire imperturbable des choses et des localités; une activité qui lui persuadait qu'il n'avait rien fait, tant qu'il lui restait quelque chose à faire; comme Lucain l'a dit de César : une attention à ne se permettre ou à ne souffrir rien qui pût porter atteinte à sa dignité, réserve inspirée par la conscience de ses devoirs et de ses droits, plus que par la crainte du ridicule, un vif sentiment du juste et de l'injuste, de l'indulgence pour les erreurs involontaires ; une aversion pour l'improbité, la bassesse ou la malignité, qui éclatait surtout en public par des reproches sévères; une âme supérieure aux coups de la fortune, une bienveillance naturelle, des mœurs pures, un cœur tout rempli de hautes pensées, qu'aucune considération

vile ou mesquine n'a jamais souillé ; des sentiments religieux essentiellement tolérants ; une vigilance conti-
nuelle pour la répression des abus ; la réunion de ces
qualités, couronnées par un ardent amour du pays, est
ce qui distingue Napoléon du petit nombre d'hommes
supérieurs, qui ont dominé à de si rares intervalles sur
la scène du monde. A mesure que Napoléon sera mieux
connu, on trouvera qu'il a été un des hommes les moins
imparfaits. C'est avec une conviction profonde qu'il a
dit qu'il se présenterait avec assurance devant le tribunal
de Dieu, et qu'il y attendrait sans crainte son jugement.
Si l'énergie de son caractère, un sentiment profond de
l'honneur, et l'horreur de l'injustice, l'ont dans de rares
occasions entraîné hors des bornes de la modération,
il faut en chercher la cause dans l'exaltation de ces
mêmes qualités. Par l'influence que Napoléon a exercée
sur son siècle, il a été plus qu'un homme. Jamais, peut-
être, la nature humaine n'accomplira de plus grandes
choses que celles qu'a réalisées cet être privilégié, en si
peu d'années, et à travers tant d'obstacles, et qui ne
sont pas au-dessus de celles dont les projets étaient
réservés dans sa tête puissante. Le souvenir de ce temps,
dit M. Menneval, passé auprès de cet homme vraiment
prodigieux, lui paraît un rêve ; et, dans le sentiment
profond qu'il excite en lui, il ne peut, dit-il, que s'hu-

milier devant les impénétrables décrets de la Providence, qui l'a sitôt enlevé à son œuvre imparfaite. Peut-être Dieu n'a-t-il pas voulu qu'il devançât les temps marqués par l'ordre invariable qu'il a établi ; peut-être n'a-t-il pas voulu qu'un mortel dépassât trop les proportions humaines.

Il raconte qu'une vieille paysanne corse fût admise un jour auprès de l'Empereur, accompagnée d'une jeune femme, qu'elle lui présenta comme sa nièce : c'était Camilla Ilari, sa nourrice, qu'il avait désiré revoir. Il la reçut à merveille, et l'embrassa. Cette pauvre femme pleura de joie, en revoyant son glorieux nourrisson. Il chargea M. Menneval de pourvoir à ses besoins et à ses plaisirs. Elle ne savait pas un mot de français : elle passa trois mois à Paris dans un enchantement continuel. L'Empereur la voyait souvent, et s'amusait de ses naïvetés. Tout en parlant de sa tendresse pour le fils de son lait, elle ne négligeait pas ses intérêts ; elle ne parut pas fâchée de retourner en Corse, pour y faire parade des cadeaux et de l'argent dont l'Empereur l'avait comblée. Il lui fit don de la meilleure partie de son héritage paternel ; peu de temps après qu'elle fut arrivée à Ajaccio, il donna au mari de sa nièce, qui se nommait Carboni, une place de percepteur des contributions à Beaucaire.

PENSÉES,

MAXIMES ET LETTRES

DIVERSES.

L'Empereur Napoléon dit un jour : « Les hommes peuvent pénétrer, par le calcul, quelques probabilités, souvent menteuses ; mais l'avenir est dans la main de Dieu. »

— Il avait des expressions et des idées qui lui étaient propres, il disait : « La chasteté est pour les femmes, ce qu'est la bravoure pour les hommes : je méprise un lâche et une femme sans pudeur. »

— La facilité de réussir dans une armée, par les recommandations et l'intrigue, ôte aux uns l'espoir de s'élever, aux autres, l'émulation d'acquérir des droits à leur avancement par le travail.

— La meilleure recommandation qu'un militaire puisse avoir, c'est de se recommander lui-même.

— Il manque souvent aux armées, une bonne organisation, un bon mode d'avancement, qui les sauvent du dégoût, de la faveur et de l'intrigue : cette rouille qui ronge tout affreusement.

— On l'a dit depuis longtemps : « Un sot n'est qu'ennuyeux, un hâbleur est insupportable. »

— L'homme supérieur est impassible : qu'on le loue, qu'on le blâme, peu lui importe : c'est sa conscience seule qu'il écoute.

— L'honnête homme doit avoir l'ambition du bien, comme le méchant a celle du mal.

— Qu'est-ce qu'un courtisan, un favori? Un animal composé de bassesse et d'orgueil.

— Lorsqu'Adam vit cette jeune beauté,
Faite pour lui d'une main immortelle ;
S'il l'aima fort ; elle, de son côté,
Dont bien vous prend, ne lui fut pas cruelle.

Cher Charleval, alors en vérité,
Je crois qu'il fût une femme fidèle ;
Mais comme quoi ne l'aurait-elle été ?
Elle n'avait qu'un seul homme avec elle.

Or, en cela, nous nous trompons tous deux ;
Car, bien qu'Adam fût jeune et vigoureux,
Bien fait de corps, et d'esprit agréable,
Elle aima mieux, pour s'en faire conter,
Prêter l'oreille aux fleurettes du diable,
Que d'être femme et de ne pas coquetter.

Je crois que ce sonnet, plein d'esprit, est de Sarrasin, l'auteur du 16ᵉ siècle : je le cite de mémoire, sans en être sûr.

— La civilisation peut se perdre au milieu d'une redoutable crise, et c'est sans doute ainsi que plusieurs anciens peuples l'ont perdue avec la liberté. La marche du genre humain doit être graduelle, après un grave effort, tel que celui de Juillet, il est bon qu'il fasse une légère pause, qui permette au sol ébranlé de se raffermir sous ses pieds. Les anciens avaient représenté la statue de la *Vérité*, couverte de voiles. A chaque siècle était réservé le soin d'en faire tomber un : ils pensaient que, si tous ces voiles lui étaient arrachés à la fois, les yeux ne pourraient pas supporter sans dommage son éclatante et pure lumière. Peut-être aussi les langes, qui ont protégé l'enfance et la puberté de l'espèce humaine, ne doivent-ils pas tous être déliés en même temps ; car des mouvements désordonnés pourraient résulter de cette subite et totale émancipation.

— Pulcinella malcontento
Disertore del regimento,
Scrivi a mama in Benevento
Della patria il tristo evento.

Movimento, parlamento,
Guiramento, sgittamento.
Armamento pocca argento,
Gran fermento, è nel cimento.

Fra lo pavento è tradimento,
Si on fugiti come il vento,
Me ne pento ! me ne pento !
Mama carra, mama bella,
Prega id dio per pulcinella.

— La vanité de beaucoup les empêche de se défier
de ce mouvement d'amour-propre qui nous fait croire à
la supériorité, à la fortitude, en général sur les autres.
Pour cela il faudrait toujours rester calme, et savoir se
recueillir, se corriger soi-même de ses imperfections,
avant de se croire supérieur et de juger sévèrement les
autres, surtout ses chefs, dans l'état militaire. Je me
demande : à quoi servent donc les années que l'on prend,
si ce n'est pour devenir meilleur ; il est vrai que la méchanceté incarnée ne fait que s'aggraver par l'humeur
que donnent les ans, remarquable chez certaines femmes.

— Un Hollandais qui se sentait embarrassé de ne pas avoir un crachoir à sa disposition, soutenait, dans sa colère, que les Anglais n'avaient d'autre crachoir que leur estomac.

— Les hypocrites haïssent les philosophes, comme les voleurs haïssent les réverbères.

— S'il faut pardonner l'exaltation pour le bien de la patrie, pour la liberté et la gloire ; il en faut tolérer aussi pour la légalité, non moins précieuse.

— La raison démontre et l'expérience atteste que l'immoralité ne peut conduire au bien.

— Si les républicains de cette époque semblent rêver une liberté chimérique, c'est par amour et patriotisme.

— L'ingratitude est une infirmité humaine qui contriste le cœur ; aussi faut-il faire le bien pour soi, pour sa propre satisfaction.

— Le progrès des fausses idées sur plusieurs choses est tel, que l'on ne croit pouvoir rentrer dans l'ordre que par des mesures de décomposition ou d'entière subversion qu'on appelle *coups d'Etat*.

— Ceci est bien peu peu galant ; mais on devrait bien trouver le secret, si le monde est nécessaire (ce que nous ne savons pas), de le perpétuer différemment, ou du moins d'en séparer les méchantes femmes.

— François Ier n'écrivit pas à la régente du royaume, ainsi qu'on le rapporte toujours faussement : « Tout est perdu fors l'honneur » ; il écrivit : « J'ai tout perdu, excepté l'honneur, et la vie sauve ! »

— Cambronne ni aucun général français ne prononça la réponse, d'ailleurs toute française, que l'on lui prête, et la garde, l'immortelle garde de l'Empereur, ainsi que je l'explique dans la Campagne de 1815, ne fut pas réduite, ni aucun corps d'élite, à entendre une si insolente proposition.

— Le Voyage dans le *Latium*, par Charles-Victor de Bonstetten, est un bon livre.

— A la naissance des sociétés, ce sont les hommes qui font les institutions, et ce sont ensuite les institutions qui font les hommes.

— Boufflers disait qu'en amour, il était tout physique : c'est un point essentiel pour beaucoup de femmes.

— Il faut savoir vivre avec agrément dans la société, et encore mieux se suffire dans la solitude, ce que je fais.

— Je suis intérieurement religieux, mais sans m'attacher à aucune forme de religion positive ; je m'humilie devant une cause primitive de toutes choses, considérée

sous un point de vue moral que j'explique dans mon
Testament philosophique et chrétien, ou **Adieu au monde**
et à la vie.

— On me trouve généralement très-patient; mais, il
faut l'avouer, je l'ai appris à mes dépens. L'adversité
est pour l'esprit et la réflexion une précieuse école. Si
on veut bien y réfléchir, on verra qu'elle a cela de bon
et d'utile, elle rend résigné.

— J'ai vécu seul une partie de ma vie; j'appris de
bonne heure à souffrir seul, sans éprouver la tristesse et
la faiblesse d'affliger mes parents ou mes amis, en leur
faisant part de mes chagrins; je savais me dévorer seul.
Je perdis ma mère au début de ma vie dans le monde;
je ne connus jamais les soins caressants du jeune âge;
enfin l'énergie de mon éducation eut cela d'utile, c'est que je
ne fus pas efféminé, et que, sans étonnement ni faiblesse,
je suis sorti seul de mille dangers, peines et chagrins;
aussi suis-je certain de ne jamais fléchir, et de n'arriver
jamais à cet état d'inertie morale où l'homme ne peut
plus se suffire, et qui lui rend la société un besoin, où il
finit par n'être plus qu'une marionnette que l'on connaît
par cœur, et où l'on sait d'avance ce qu'il va dire.

— Ma pensée me dit qu'il faut être l'homme du devoir
avant d'être celui des passions; et la belle liberté n'est

autre que le règne des lois, qui consacrent le bien public, même au détriment de l'intérêt personnel.

— Voici, selon moi, quinze beautés d'une femme, expliquées décemment.

Trois choses *blanches* : les dents, les ongles, la peau ;

Trois choses *noires* : les cheveux, les yeux, les sourcils ;

Trois choses *rouges* : les lèvres, les joues, le bout des oreilles ;

Trois choses *larges* : le front, la poitrine, la croupe ;

Trois choses *étroites* : la bouche, le pied, la taille.

— L'homme qui, ayant près de soixante ans, se fait décorer, prouve sa futilité, surtout sans service rendu à sa patrie ; ceux qui l'ont bien mérité n'en portent plus, car les décorations, depuis l'empire, ne sont plus que des objets de toilette.

— Que de vanité, que d'orgueil on aperçoit ! Je crains toujours de voir crever, comme la grenouille de la Fable, certaines personnes qui s'efforcent de vouloir être quelque chose, en s'efforçant de se boursouffler.

— Que d'hypocrisies, de faussetés et de perversités en ce monde ! Comment le regretter?....

— J'ai toujours pris un grand intérêt à apprivoiser les animaux, même les plus dangereux, témoin, en Afrique, mon lion, ma lionne, ma hyène, en un mot tout ce que ma maison pouvait contenir d'espèces de cette contrée ; il me paraissait doux de leur inspirer de la confiance, en les élevant en pleine liberté. Quelles tristes réflexions cela cause, quand on pense que l'on ne peut désarmer l'envie et la méchanceté humaine : quelle contraste !...

— L'aspect des grands ouvrages de la nature me fait toujours invoquer Dieu, et m'émeut jusqu'aux larmes ; ils confondent l'homme, dont les ouvrages s'interposent entre sa grandeur et moi. J'aime à le contempler dans ses divines œuvres, lorsque mon cœur s'élève à lui, et pense avec confiance que le meilleur moyen d'obtenir de sa bonté ce qu'il faut à la vie, est, non de le demander, mais de le mériter par l'amour du bien, pour le mal que l'on nous fait.

— Le vice de l'éducation des femmes est tel, que la plupart se déchirent entre elles ; et, qui a eu deux ou trois marmots de contrebande, n'hésite pas à accuser son amie d'en avoir fait un clandestinement, sans parler des intrigues et d'une douzaine de sentiments étouffés quand vient l'époque du mariage. Le sentiment, quoique rare, est indélébile pour certains cœurs ; mais combien ne respectent que ce que la loi reconnaît, et étouffent ce que la nature commande de vénérer. Ainsi, dans l'un et

l'autre sexe, le père, s'il n'est reconnu par la loi, n'é-
prouve qu'éloignement de la mère, si sa position est
heureuse ; mais, à son tour, est-elle malheureuse, en
appelle-t-elle à sa tendresse et à sa gêne, elle trouve
souvent un cœur de fer pour récompense de son amour.
Voilà en raccourci le tableau de notre société civilisée...

— Que de femmes qui disent aimer leur amant, ne
les aiment que pour le plaisir et le besoin des sens ; viennent les disgrâces de l'ami dont elles n'ont eu qu'à se
louer, elles s'en éloignent pour un autre plus heureux,
par calcul. Il est pourtant des liens qui, pour une âme
élevée et délicate, ne devraient pas se briser si facilement. Il y a des choses qui restent... et qui parlent... à
tous les yeux... qui ne sont plus un secret.

— Je fus toujours trop bon envers tous ; j'en ai subi
les conséquences, que je subis encore, et subirai toujours.

— Je rendis des services que je ne réclamai jamais à
personne, et qui me le furent cependant toujours, sans
que je le trouve extraordinaire.

— Je me chargeai volontiers un jour de faire venir des
griffes d'asperges de la Hollande, pour un personnage
haut placé que je connaissais beaucoup, mais que je

voyais rarement, comme j'ai eu l'habitude de le faire pour ceux qui tiennent plus aux emplois, aux honneurs, qu'à la qualité d'homme ; il ne m'en a jamais remercié, ni eu la pensée de m'en faire goûter une, encore moins de me parler des frais.

— La définition que je fais du *Diable amoureux*, par Cassot, c'est l'allégorie des principes aux prises avec les passions.

— Il faut savoir éviter l'exagération dans ce que l'on écrit ou raconte en toutes choses ; c'est souvent un manque de tact et d'éducation.

— On disait, je me souviens, de M. Beugnot, qu'il était le plus beau port de France, parce qu'il était *tout long...*

— « Toutes mes pensées, toutes mes inspirations viennent de lui et retournent à lui, m'écrivait une amie ; il est tout mon bien, mon avenir, ma vie. » C'est ainsi qu'elle sentait. J'aimais son esprit, je préférais son cœur : elle n'est plus...

AUTREFOIS.

Un souvenir de Lurcy... J'étais jeune.

Autrefois j'avais une douce amie ; Emilie était son nom, quinze ans était son âge ; elle était bonne, douce comme du miel, fraîche comme la rosée d'un beau jour.

Elle m'aimait, ma douce amie, et je l'aimais aussi.

J'étais heureux autrefois.

Sitôt que la lune paraissait, nous nous rendions là-bas, sous les ormeaux touffus ; là, assis sur l'herbe, nous nous disions : puissions-nous toujours être ainsi !... Dans le feuillage l'oiseau chantait ; le ruisseau doucement murmurait ; nous nous interrompions pour l'entendre, il s'arrêtait pour nous écouter...

Nous étions heureux sous les ormeaux touffus !

Maintenant le bocage est solitaire, l'oiseau s'est envolé, le ruisseau murmure une plainte, quelques cyprès paraissent où s'élevaient les ormeaux porteurs de notre chiffre.

Emilie n'est plus à Lurcy, je ne vais plus dans le bocage, mais j'aime encore ma douce amie.

— Ce qui doit consoler des maux de la vie et de l'inégalité des conditions sociales, c'est que six pieds de terre finissent par égaliser tous les rangs ; mais la trace fugitive de notre passage sur la terre ne peut résister à un oubli complet qu'au moyen des services que chacun de nous est appelé à rendre dans sa sphère à sa patrie ou à l'humanité entière.

— Mériter des honneurs est plus que d'en avoir.

— Un laurier sur une tombe est un arbre consolateur.

— Tallemant des Réaux a plus d'un rapport avec Brantôme et Pierre de l'Étoile.

— L'*Essai* archéologique et artistique sur l'ancien monastère du Mont-Saint-Michel, par M. de Clinchamp, est intéressant à lire.

— On ne lit plus Dante en Europe parce qu'il fait beaucoup d'allusions à des faits ignorés. *Voir* ce qu'en dit Voltaire, vol. 33, p. 164, 384, *Lettres* sur Dante. Il n'écrivit pas toujours sur des fictions.

— *Voir* aussi, dans Voltaire, vol. 33, p. 212, ce qu'il dit sur Henri III et le duc de Guise. *Voir,* même volume, p. 339, Mahomet trouvé dans un état de grâce qui n'est pas ordinaire aux morts... — Regrets d'*Aïshca,* sa femme favorite : « Si j'avais su que Dieu eût fait cette grâce au défunt, j'y serais accourue à l'instant.... »

— Les églises Saint-Sulpice, Sainte-Geneviève ; l'Ecole militaire, la Monnaie, le Garde-Meuble et la rue Royale ont été construits sous le règne de Louis XV, seul beau côté de ce règne.

— *Journal des Voyages* (45ᵉ cahier, juillet 1822), lire le Naufrage du vaisseau *le Saint-Géran,* arrivé le 17 août 1744.

— Amitié, don du ciel, plaisir des grandes âmes,
Amitié, que les rois, ces illustres ingrats,
Sont assez malheureux pour ne connaître pas.

— Des noms toujours fameux vivront dans la mémoire ;
Qui meurt pour son pays meurt toujours avec gloire.

— *Voir,* si c'est possible, les Pièces intéressantes et peu connues, par M. de la P...

— La monarchie autrichienne n'est pas entièrement absolue, puisque la Hongrie et la Transylvanie sont monarchies limitées.

— Va, mange des *dattes,* disait un soldat en Afrique, parlant du général B........ ; j'en connais une que tu ne pourras jamais digérer, et nous faire oublier.

— On prétend que ce même général à frémi de voir un boulet tomber à ses talons. Qu'y a-t-il d'étonnant à voir un boulet aux pieds du déserteur de Waterloo?

— La Restauration dut sa chute, en partie au mécontentement, et au soufflet que chaque soldat crut recevoir sur la joue en voyant un déserteur des armées françaises nommé ministre de la guerre : c'était bien méconnaître la juste susceptibilité de l'honneur militaire en France.

— On trouve la devise du nom de R*** dans le mot *abnégation*.

— Les Amours du Rossignol et de la Rose sont une des plus gracieuses superstitions de l'Orient; la rose y représente la sultane favorite.

Confiance acquise.

« Si vous êtes mon amie, écrivais-je un jour, dangereusement malade, je cherche à me consoler en pensant que vous serez bientôt dangereusement bien.

» Vos lettres sont les meilleures choses du monde, et même les plus douces; elles plaisent; elles font plus que de plaire, car après le bonheur de vous voir, elles causent la plus douce satisfaction; aussi j'attends votre rétablissement pour en recevoir. »

Confiance détruite.

« Vous ne pouvez pas douter que mon cœur, mon âme et ma vie entière ne fussent tout à vous. A l'heure des chagrins et des confidences, vous m'aviez connu le même en dépit des années et de l'éloignement, toujours dévoué à la tendre affection ; seule, vous saviez... Mais pourquoi rappeler l'inutile passé, quand les liens d'affection sont rompus. Trop tard vous gémirez peut-être sur ces doux souvenirs, et regretterez l'ami qui fut jadis à vous, et que vous avez perdu par votre légèreté... et votre in-constance... Soyez heureuse cependant... »

A mon frère Joseph.

« J'aime à recevoir de toi des réponses à mes lettres aussi exactes que les réponses des Litanies, mais moins sèches, cependant ; et puisqu'il est impossible à un homme qui a son bon sens d'espérer d'heureux jours ici-bas, tâchons d'être gais, car la gaîté singe le mieux le bonheur d'aspect, sinon de vérité. Ecris-moi force bê-tises à ta manière. »

— Beaumarchais, l'auteur de *Figaro*, est, selon moi, l'un des hommes connus le plus heureux, car, avant trente ans, il avait gagné trois procès et enterré deux femmes.

— L'historien Bruce indique comme existant en Abys-sinie un royaume de Juifs, situé sur le Samen, montagne de cette contrée ; cette existence, si elle était prouvée, répandrait beaucoup de jour sur plusieurs prophéties de l'Ecriture-Sainte, mais la Palestine est leur véritable patrie.

— Un secrétaire de lord Nelson écrivait à un ami à Port-Mahon : « Nous nous rendons coupables des plus horribles scélératesses pour remettre sur le trône le plus stupide des rois. »

— Quelqu'un qui a vécu dix-neuf ans dans la haute société de l'Angleterre, qui est appelée la meilleure, déclare qu'il n'y en a pas au monde de plus corrompue. En Italie, à la vérité, la corruption est, ou plutôt était beaucoup plus systématique ; mais maintenant ils sont eux-mêmes honteux du sigisbéisme régulier. Le seul hommage rendu à la vertu en Angleterre, est l'hypocrisie. Il va sans dire qu'il n'est ici question que du *bon ton* du grand monde. Quant à la classe moyenne, elle peut être plus vertueuse, pour ce qu'il en sait.

— Plusieurs petits princes d'Allemagne, divisés en plusieurs branches, portent tous depuis une longue suite d'années et de générations des numéros qu'ils joignent à leurs noms pour se distinguer. Un d'eux fit un jour une belle réponse au Grand-Frédéric. Ce prince railleur, souvent cruel, avait dit : « Eh bien, monsieur de R***, êtes-vous toujours numéroté comme des fiacres ? » — « Non, Sire, répliqua-t-il, comme des rois. »

— Personne n'ignore, à en croire Scipion de Ricci, que lady Hamilton, prise dans un lieu de prostitution à Londres, et entretenue par le neveu de l'ambassadeur de sa nation à Naples, fut cédée à l'ambassadeur lui-même pour le paiement des dettes qu'elle avait fait contracter à son amant. Epousée par son nouveau maître, elle devint la confidente, la favorite et la complaisante de la fille de Marie-Thérèse et l'amante de Nelson. Sous ce dernier *titre,* elle reçut les hommages des souverains et des grands coalisés contre la république française. Après la mort de son mari et de l'amiral, lady Hamilton retourna à son ancien métier, et elle termina ses jours dans la misère et la débauche. Quelle vie!...

— La Mnémosyne du Musée, la plus belle des statues antiques, était cependant la moins appréciée des curieux qui la voyaient, sans se douter de ses beautés, même de ceux qui se croient antiquaires et font du savoir.

Mort de Voltaire.

— O Parnasse! frémis de douleur et d'effroi!
Pleurez, Muses, brisez vos lyres immortelles!
Toi, dont il fatigue les cent voix et les ailes,
Dis que Voltaire est mort : pleure et repose-toi.

Je cite ces vers de mémoire, sans connaître le nom de l'auteur.

— Elle agit, disait la célèbre madame Roland, en parlant d'une de ses amies, elle agit extérieurement comme il convient en province à une mère de famille, qui doit édifier tout le monde (*Voir* ses Mémoires, p. 244).

— En cessant d'être jeune et belle, si elle l'a été, une femme, qui aura été sage et montré de la raison, gagnerait plus qu'elle n'aurait perdu, si elle parvenait à devenir douce et modeste. La méchanceté enlaidit la plus belle.

— Celui qui, dans un âge avancé, n'a pour lui que la noblesse de ses ancêtres, qu'il s'efforce de montrer dans une biographie faite *par lui,* a déjà dérogé.

— Deux lignes d'une raison sévère et paternelle produisent quelquefois plus d'effet sur un fils, dont l'âme est honnête, qu'un long discours, si le cœur n'est pas gâté par la présomption, la vanité et d'autres défauts. Un bon fils, quoi qu'il arrive, ne s'isole jamais de son père, et sait en rapprocher les distances et les séparations forcées, par des égards et des respects.

— Si une femme, frivole dans ses goûts, et malheureusement il s'en trouve, inconséquente dans ses inconstances et ses amours, prévoyait ce qui l'attend, lorsque l'âge aura blanchi ses cheveux et ridé son visage, elle reculerait d'effroi à l'aspect de son avenir et de sa fin.

— Il faut, en leur pardonnant, stigmatiser les méchants, pour les faire connaître, et empêcher, par ce moyen, de pouvoir nuire.

— Rien n'embellit plus la vieillesse, et ne rajeunit plus ses traits, que les dehors de bonté et le sourire de l'indulgence.

— Rien de plus hideux qu'une femme vieille et méchante, qui ne sait trouver un peu de sentiment que pour sa chienne et les êtres qui lui ressemblent.

— Rien n'enlaidit aussi plus une femme que la colère ; c'est le plus mauvais exemple qu'une mère puisse donner à ses enfants : elle éloigne alors, par ses emportements, ceux que le respect devrait tenir près d'elle.

— Une femme aimable me demandait un jour si je savais ce que deviennent toutes les âmes, quel séjour elles habitaient. — Elles ne tiennent pas plus de place, lui repondis-je, que toutes vos pensées, s'il était possible de les réunir sur un seul point ; leur ensemble, ajoutai-je, ne ferait pas fléchir l'aile d'un papillon, dont les femmes connaissent la légère mobilité.

— S'il y a déloyauté que l'on peut quelquefois pardonner, à tromper en amour, il y a crime à trahir l'amitié, ce qui ne se pardonne pas.

— Il est des hommes qui doivent s'honorer de leurs amis, il en est d'autres, qui, comme moi, doivent se glorifier de leurs ennemis.

— L'homme ou la femme, qui veulent être révérés dans leur vieillesse, ne peuvent s'y prendre de trop loin pour y parvenir.

— L'homme sage évite de parler des personnes qu'il a des motifs de ne pas estimer, et dont il connaît la médisance et la calomnie; mais il arrive un moment où se taire est une duperie.

— Le serment d'un malhonnête homme n'est pas une garantie de vérité, et la multiplicité des serments prouve d'ailleurs que pour beaucoup de personnes, c'est, sans sans tant de façons, une affaire de forme ou de mode.

— Comment oser parler de l'amitié, après ce qu'en a dit Montaigne! Contentons-nous de sourire à son image, puisqu'il est donné à si peu d'hommes de jouir de sa réalité, peu de cœurs la comprennent.

— On entend souvent dire, je perds un ami; si vous sentiez l'énormité de cette perte, vous n'auriez pas besoin de l'annoncer.

— Heureux, le malheur de sentir la perte d'un ami, c'est un chagrin que tout le monde ne connaît pas.

— Si l'amitié, qui germe aisément dans la jeunesse, ne prend pas racine dans un âge avancé, elle devient stérile par la vieillesse. Je l'aime, parce que c'est lui, voilà une pensée bien douce ; il m'aime parce que c'est moi, voilà celle qui est sans prix. Mais où rencontrer aujourd'hui des âmes, des cœurs de feu pour l'amour ou l'amitié, lorsque l'égoïste spéculation provoque seule et absorbe toute la chaleur.

— Louis XI est le premier roi de France qui ait pris le titre de *roi très-chrétien*. — Philippe-le-Bel avait été presqu'aussi chrétien que lui ; et Charles IX le fut un peu plus : quels monstres !

— Libre d'ambition, à la raison soumis,
Vivre pour sa femme, surtout pour sa patrie,
Cultiver les beaux-arts, n'avoir que peu d'amis,
Voilà tout le secret de ma philosophie.

— Un assortiment convenable des plaisirs de l'âme et du bien-être physique peut contribuer au bonheur.

Le sentiment de la patrie.

— Ton écorce n'a plus d'odeur,
Ta feuille, hélas ! paraît flétrie ;

Bel arbre, d'où vient ta langueur?...

— Je ne suis plus dans ma patrie.

— Amitié, don du ciel, embellis ma demeure,
Préside à tous mes jours jusqu'à ma dernière heure.

— Lorsque l'amour n'est que le besoin des sens, comme il arrive assez généralement, il nous ravale, il faut bien le dire, au rang des bêtes; il ne mérite pas que l'on en parle, il fait rougir. J'en connais un qui est le partage des âmes belles et sensibles : il plane, pour ainsi dire, au-dessus de l'humanité; il n'a rien que de pur, de désintéressé; ses desirs sont chastes; il ne fait rien entendre que la sagesse ne puisse écouter; son souffle rafraîchit le cœur sans le flétrir : celui-là est digne de trouver place dans un livre de morale, comme dans l'âme d'un sage, tel que l'auteur de Télémaque. Comme il s'allie avec la spiritualité des anges, il en communique la suprême félicité. Mais où rencontrer les deux êtres qui puissent l'inspirer et le sentir? Le besoin exquis d'un rapprochement intime, qui ne donne jamais que les jouissances de l'âme, n'est pas suivi du repentir; si sa sécurité est troublée par la crainte d'être un jour séparé sur la terre de l'objet qu'il chérit, cette sollicitude se dissipe par l'espoir de le réunir à lui pour jamais, dans une autre vie.

— Un pauvre diable, entortillé par une femme comme il y en a tant, et qui commençait à se lasser d'être dupe, s'entendit reprocher un jour d'être roué! — Par qui, madame, dit-il aussitôt?

— En général, les femmes ont un goût décidé pour la solitude, *dans le tête à tête..*

— Pour vous assurer de l'amitié d'un homme, mettez-le à l'épreuve. Pour compter sur l'amour d'une femme, ne l'y mettez jamais.

— Souvent la barbe grise aime la tête blonde.

— Si j'avais à choisir, ou donner un conseil en mariage, je donnerais celui de choisir, entre deux beautés, la plus petite; car, de deux maux, le moindre on doit choisir. Le sage attend toute sa vie.

— « Si la société humaine, disait le sévère censeur Métellus, pouvait subsister sans les femmes, nous nous épargnerions tous tant que nous sommes les désagréments et les embarras qu'elles nous causent. Mais comme la nature a voulu qu'on ne puisse ni vivre avec elles fort à son aise, ni aussi vivre absolument sans elles, il vaut mieux se déterminer en faveur de la propagation du genre humain, que de ne songer qu'à se rendre plus commode une vie qui dure si peu. »

— Plutarque pense qu'en fait de séparation de mariage, il n'y a rien de plus vrai que ce qu'un Romain, qui venait de répudier sa femme, disait à ses amis, qui lui en faisaient des reproches, et qui lui demandaient : « Votre femme n'est-elle pas sage? N'est-elle pas belle? Ne vous a-t-elle pas donné de beaux enfants? »... Pour toute réponse à ces questions, il leur montra son cothurne, et les questionnant à son tour : « Ce cothurne, leur dit-il, n'est-il pas beau? N'est-il pas bien fait?... Eh bien, aucun de vous ne sait où il me blesse. »

— Le divorce était permis à Rome tant par la religion païenne que par la loi des Douze-Tables. Cependant, on n'en avait point vu d'exemple avant l'an 250. Jésus-Christ, en condamnant absolument le divorce, a rappelé le mariage à son institution primitive, et l'a rétabli dans sa première pureté, convenante pour la société.

— On demandait, à la mort de Saint-Evremont, connu par sa morale voluptueuse et tant soit peu gastronomique, s'il voulait se réconcilier... « Oui, répondit-il, je voudrais me réconcilier avec l'appétit ; il est enterré à Wetsminster avec les rois et les hommes illustres d'Angleterre ; il est mort en 1703. »

— L'abbé de Saint-Pierre de Normandie, mort en 1658, regardait le passage de la vie à la mort comme un voyage à la campagne.

— L'homme est de glace aux vérités,

    Il est de feu pour le mensonge.

— L'envie a l'œil plus perçant que l'estime, comme l'éclat des services irrite les méchants et les envieux.

— On lisait, avant 1815, sur le Panthéon : AUX GRANDS HOMMES, LA PATRIE RCONNAISSANTE. L'époque appelée *restauration* l'effaça ; 1830 la replaça, en attendant peut-être de nouvelles vicissitudes.

— Je suis arrivé le 19 juillet 1828 à Bruxelles ; j'y suis resté jusqu'au 23, dix heures du soir ; mardi 22, le général Haxo et moi sommes allés reconnaître le champ de W....... J'ai reconnu les divers emplacements, et la place que mon intrépide régiment occupait. Quel souvenir !...

—L'action du cavalieri Servanti ressemble à celle des pouvoirs négatifs des mathématiques, qui réduisent à l'inertie les corps les plus énergiques.

    — La divinité qui s'amuse

  A me demander mon secret,

Si j'étais Apollon, ne serait point ma muse ;

  Elle serait Thétis, et le jour finirait.

Je cite ces vers de Saint-Aulaire, notre Anacréon, parce que j'eus une fois l'occasion d'en faire une heureuse application.

— Tout en faisant des vœux pour votre bonheur et celui de..., vous comprendrez que je ne puisse vous faire mon compliment sur vos nouveaux projets ; ils me semblent approuvés hypocritement par une famille dangereuse ; mais sont sévèrement blâmés par la société et les amis de... Comme il n'est pas de secrets pour l'entourage d'une maison, il y a longtemps que je les connaissais. Je vous remettrai, à la première occasion, des papiers qui peuvent vous être utiles, et ne peuvent me servir... J'y avais tenu jusqu'alors.

A madame la comtesse de M....

L'intérêt que je vous avais montré n'avait rien qui puisse vous alarmer ; c'était un hommage de vérité que je rendais à votre personne, une dette que je payais à vos vertus, à vos talents, en un mot à une amie qui commande l'estime.

— Racine n'écrivit jamais rien de si naturel et de si tendre que ces vers connus, que je transcris ici, et que j'ai retenus à la première lecture dans un âge fort précoce :

Depuis cinq ans entiers chaque jour je la vois,
Et crois toujours la voir pour la première fois.

— Loin de toi, c'est à toi que je pense toujours ;
C'est ton nom qu'en tous lieux je me plais à redire ;
Ton nom, dans la longueur et des nuits et des jours,
Qu'à tout heure j'écris, que partout je crois lire !...

— Erasme, qui était aussi bon chrétien qu'un homme d'esprit puisse l'être, observait peu régulièrement le Carême. « J'ai l'âme catholique, disait-il, mais mon estomac est luthérien. »

— On dit d'une dame dont j'ai oublié le nom, qu'elle se donne au *premier venu ;* c'est une erreur ; c'est au *dernier venu.*

— La tolérance universelle est le seul dogme dont je fasse profession.

— Mon cher Adam, mon gourmand, mon bon père,
Que faisais-tu, dans les jardins d'Eden?
Travaillais-tu pour ce sot genre humain?
Caressais-tu madame Ève, ma mère?
Avouez-moi que vous aviez tous deux
Les ongles longs, un peu noirs et crasseux,
La chevelure assez mal ordonnée,
Le teint bruni, la peau rude et tannée :
Sans propreté, l'amour le plus heureux
N'est plus amour, c'est un besoin honteux.
Bientôt lassés de leur belle aventure,

Dessous un chêne ils soupent galamment
Avec de l'eau, du millet et du gland.
Le repas fait, ils dorment sur la dure :
Voilà l'état de la pure nature.

—Voici les vers que M. Arnauld avait tracés sur l'exemplaire de la tragédie d'*Oscar,* qu'il remit en Italie, en 1797, au général en chef Bonaparte :

Toi, dont la jeunesse occupée
Aux jeux d'Apollon et de Mars,
Comme le premier des Césars,
Manies et la plume et l'épée ;
Qui sans doute au milieu des camps
Prépare d'immortels mémoires,
Dérobe-leur quelques instants,
Et trouve, s'il se peut, le temps
De me lire entre deux victoires.

—Lorsque *Dom Pedro* ou le Roi et le Laboureur, parut sur la scène, il fut mal accueilli du public. Napoléon ayant appris la chute de cette pièce, dit un jour à M. Arnauld : « Voilà ce que c'est, que de faire des tragédies après Corneille et Racine. » — « Que trouvez-vous d'étonnant à cela, lui répartit Arnauld : Votre Majesté donne bien des batailles après Turenne. »

Réponse aussi fine que délicate.

— Qui ne sait qu'une dame fort spirituelle et un peu étourdie se piquait de juger à la forme du chapeau, non-seulement de la condition, mais du caractère de l'homme auquel il appartenait. Un certain jour, dans une assemblée, elle avait donné plusieurs preuves de sagacité : « Chapeau d'étourdi, chapeau de philosophe, chapeau de Tartufe, chapeau d'homme d'esprit, chapeau d'homme à bonnes fortunes », avait-elle dit avec autant de justesse que de vivacité à la huitième inspection. — « Et celui-là ? » — « Oh ! pour celui-là, le moins fin ne s'y méprendrait pas ; c'est un chapeau de co.... » — « De colonel », poursuivit précipitamment son mari, qui s'aperçut à temps que c'était sur sa propre coiffure que madame allait prononcer.

— Pope était petit et contrefait ; son jurement d'habitude était *Dieu me corrige !* — « Dieu vous corrige » ? s'écria un cocher de place, avec lequel il s'était servi de cette expression ; il aurait moitié moins de peine à vous refaire. »

— Est-il rien de plus sot, est-il rien de plus vil
Que tous vos demi-dieux de l'Euphrate et du Nil ?
Mais sa noblesse, à lui, n'est pas une chimère ;
S'avez-vous qu'il descend de notre premier père ?

Je crois de l'Ormian.

— On a cherché longtemps où pouvait être le siége

de l'âme : les uns le placèrent dans le cerveau, le foyer de la pensée ; les autres dans le cœur, foyer de la sensibilité. Ne s'est-on pas trompé ou aventuré en assignant ainsi à l'âme un séjour invariable ? Ces opinions peuvent être justes, relativement à quelques individus ; l'âme de Voltaire, par exemple, pour qui penser était vivre, résidait sans doute dans sa tête ; c'est dans le cœur qu'habitait celle de Jean-Jacques Rousseau, chez qui le sentiment surtout était la vie. Mais où réside l'âme de tant de gens qui ne pensent et ne sentent que par le ventre, sinon dans le ventre même ?

—Pour vaincre les préjugés, il faut les laisser s'user par le temps, quand on ne peut les guérir par la raison.

—Le physique attire, mais ne fixe pas toujours.

L'Ours et le Serpent.

Naguère un ours encore sauvage,
Ours sans esprit et sans usage,
Mais non pas sans ambition,
Disait : « Je veux aller à la cour... du lion,
Et me présenter dans son antre
En homme de condition. »

— « Apprends, dit le serpent, à marcher sur ton ventre. »

—Il y a des cas, cependant, où le besoin triomphe

des caractères les plus indépendants. Un officier rencontre un jour un de ses anciens soldats, décoré des couleurs d'un parti qu'ils avaient longtemps combattu ; comme il lui en témoignait son étonnement : « Mon capitaine, il faut du pain, il faut manger, dit le déserteur ; c'est mon ventre qui a conclu l'engagement, mais mon cœur reste indépendant. »

— Des âmes de boue, des fanatiques absurdes préviennent tous les jours les puissants, les ignorants contre les philosophes ; si malheureusement on les écoutait, nous retomberions dans la barbarie d'où les philosophes nous ont tirés.

— Toute certitude qui n'est pas une démonstration mathématique, n'est qu'une extrême probabilité.

Il n'y a pas d'autre certitude historique.

— L'homme, dans l'âge mûr, a tant d'avantage à faire valoir ! Sa société est instructive, son attachement plus vrai, sa tendresse mieux sentie et plus éclairée : c'est à la fois un guide sûr, un protecteur et un ami.

— Une femme, en se remariant, prouve quelquefois qu'il faut plus que de l'indépendance, des richesses et un nom honorable... C'est un mari, pour ne pas dire un homme.

— Cela rappelle la veuve inconsolable qui grava sur

la tombe ces deux mots touchants : *Attends-moi.* Mais,
comme a dit le bon La Fontaine :

On fait beaucoup de bruit, et puis l'on se console ;
Sur les ailes du temps la tristesse s'envole ;
   Le temps ramène les... plaisirs.

Arrive un galant qui prouva bientôt à la tendre veuve
éplorée... la vérité de cet adage :

Mieux vaut goujat debout qu'empereur enterré.

Mais ces pleurs que j'ai répandues, le grand éclat de ma
douleur, sans parler de son nom gravé sur mes meubles
et pendules, ces deux mots, *Attends-moi,* comment faire
pour les oublier ? Mais « Attendez, dit la veuve ; j'ai un
bon moyen de faire taire la critique... » Elle court au
cimetière, achète *un ormeau,* le plante sur la tombe, et
par ce stratagême, de l'*Attends-moi* qui la gênait, elle
fit un *Attends-moi sous l'orme,* et se remaria... On voit
beaucoup de veuves et pas une Artémise.

Le Bonheur. — Stances.

On dit un homme heureux alors qu'une maîtresse,
De talents bien pourvue et brillante d'appas,
Tient ses sens et son cœur dans la plus douce ivresse,
   Et surtout ne le trompe pas.

Celui-là que l'hymen engage,
Ne sent point le lien dont il est enchaîné,
Ou plutôt il s'y plaît, il se croit fortuné,
Si sa femme, à la fois, est belle, bonne et sage.

Mais un autre mortel, plus satisfait encor,
Et de qui le bonheur doit sembler préférable,
C'est celui qui, trouvant un ami véritable,
Sait apprécier ce trésor.

Quelle félicité doit donc remplir mon âme,
Quand je trouve à la fois, et dans le même objet,
Avec l'ami le plus parfait,
Une Antigone fidèle et la plus digne femme !

— Ce que l'on appelle *bonheur* est une idée abstraite,
composée de quelques idées de plaisir ; car, qui n'a qu'un
moment de plaisir, n'est point un homme heureux ; de
même qu'un moment de douleur ne fait point un homme
malheureux : le plaisir est plus rapide que le bonheur,
et le bonheur que la félicité.

— Un jour, une actrice fameuse
Racontait les fureurs de son premier amant ;
Moitié riant, moitié rêveuse,
Elle ajouta ce mot charmant :
« Ah ! c'était le bon temps ! j'étais bien malheureuse ! »
C'était la spirituelle Arnoud.

Impromptu du général Haxo à sa cousine, la baronne Rigau.

Si quelqu'humeur chagrine
Se glisse en notre esprit,
Si quelqu'un fait la mine,
Si mon front s'obscurcit,
Arrive la cousine !
Elle rit, elle rit, elle rit :
Elle rit pour un non, pour un oui ;
Sa douceur nous enchante,
Sa gaîté nous ravit.

À madame la baronne Rigau, par M. l'abbé Gironde,
de Nancy.

Que faites-vous sur les bords de la Loire,
Si beaux, si frais, et surtout si vantés ?
Où nos soldats, trahis par la victoire,
Ne voyent plus que des jours regrettés,
Où le destin, sans obscurcir leur gloire,
Paralysa leurs bras déconcertés.

Laissons ces temps de si triste mémoire :
Ce fut un songe, il est vrai, glorieux,
Mais le réveil n'en est pas moins heureux.
Abandonnons tous ces faits à l'histoire,
Et ne songeons qu'à vous seule aujourd'hui,

A la gaîté, à la grâce légère
Qui nous charmaient, qui bannissaient l'ennui
Loin des amis à qui vous saviez plaire.

Je vous dirais : Revenez parmi nous,
Si vous n'étiez près du brillant époux
Qui fut toujours l'orgueil de votre vie,
Qui doit en faire à présent le bonheur.

Puissent les dieux, au gré de votre envie,
Vous accorder ce qui de votre cœur
Peut satisfaire et combler la tendresse !
Brillante encore d'attraits et de jeunesse,
Vous animez, embellissez ces lieux ;
Vous attirez les hommages des preux
Que votre époux, leur chef et leur modèle,
Apprend à vaincre, en prouvant par son zèle
Qu'il était digne en tout du haut emploi
Qu'il a reçu des bontés de son roi.

Vous partagez l'honneur qui l'environne,
Et près de lui vous ajoutez encor
A cet éclat que son grade lui donne :
C'est Andromaque auprès de son Hector.

De nous, pourtant, vous gardez, je l'espère,
Un souvenir qu'un bien tendre intérêt
A mérité : je suis franc et sincère,
Et ne sais pas, en vérité, me taire,

Lorsqu'on pourrait me taxer d'indiscret ;
Mes cheveux blancs, contre la médisance,
Sont un garant, hélas ! trop sûr, je pense.
Ainsi, malgré le monde et son caquet,
Je vais vous dire, en toute confiance,
Que votre absence excite mes regrets,
Mais *honni soit qui mal y pense !*

— On ne peut se consoler entièrement des maux qui accablent l'âme et le cœur ; la misère et quelques dettes ne sont pas à comparer à une femme aliénée, une famille et des enfants ingrats. J'éprouve tout cela avec amertume, il est vrai, mais non pas sans une résignation courageuse : car mes maux et mes douleurs sont placés au milieu d'une conscience pure et nette, entourée d'une vie lumineuse.

J'ai été puni de ma trop grande bonté et de mes bonnes actions, pour lesquelles jusqu'à ce jour j'ai toujours été dupé et trompé : ainsi va le monde.

Enfin, l'expérience amenée par l'âge, a fait taire et donné un démenti aux espérances que je pouvais avoir, sans orgueil, et me défend aujourd'hui de la séduction des illusions.

— L'amour de la patrie est la plus généreuse des passions ; elle exclut du cœur de l'homme les intérêts personnels, les instincts bas et pervers.

Vivant beaucoup de mes souvenirs, je voudrais en rêver toujours.

— Le suicide des filles et des veuves, chez une nation voisine, causé par la privation du mariage, avait donné l'idée à un magistrat, pour en arrêter les effets, de proposer une loi qui forçât le célibataire, arrivé à sa majorité, de prendre femme. « Si cette loi passait, lui dit un confrère, le remède serait pire que le mal, et centuplerait les suicides, car ce ne seraient plus les femmes, mais les hommes qui se pendraient. »

— Ma raison, mon cœur et ma religion me disent de pardonner aux méchants, mais de m'en éloigner par prudence.

— Quoique Paris soit grand, je connais une famille méchante qui forcera une personne à s'en éloigner, et qui, pour toute vengeance, désire n'en jamais entendre parler.

— Mon pays que je sers, mon prince qui m'avoue,
Mon devoir sont les dieux à qui je me dévoue ;
J'ai consulté l'honneur sur tout ce que j'ai fait,
Et suis récompensé dès qu'il est satisfait ;
Non que d'un noble espoir mon âme détachée
Par l'éclat des honneurs ne puisse être touchée :
Qui borne ses projets, se voit borné par eux ;

Le plus vaste est permis, dès qu'il est généreux ;
Mais si dans ma carrière un rival me devance,
La gloire qu'il obtient flatte mon espérance ;
Dès qu'il a mérité les regards de mon roi,
Je n'examine point si c'est un autre, ou moi :
Je l'estime et je l'aime, et le but où j'aspire
Est d'atteindre aux vertus d'un guerrier que j'admire.

— A cet air vif et doux, à ce noble maintien,
Sans peine de *** on reconnaît l'image ;
Mais crois-moi, cher ami, médite son courage
Pour connaître son cœur et pour former le tien.

— Pope a dit : « Tout ce qui est, est bien. » (All wahts is, is right.) Je ne pense pas tout-à-fait ainsi ; il est vrai que je ne suis pas Pope.

— Le général Darlenges vient de mourir dans sa soixante-neuvième année ; c'était l'un des hommes les plus regrettables que l'on puisse connaître : le charme de son esprit était immense, les qualités de son cœur ne l'étaient pas moins.

Guirlande de Julie.

Modeste en ma couleur, modeste en mon séjour,
Franche d'ambition, je me cache sous l'herbe ;
Mais si sur votre front je puis me voir un jour,
La plus simple des fleurs sera la plus superbe.

— Dieu mûrit à Moka, dans le sable arabique,
Le café, nécessaire au pays des frimats ;
   Il met la fièvre en nos climats,
   Et le remède en Amérique.

— Fatal Amour, tes traits sont différents :
Les uns sont d'or, ils sont doux et perçants ;
Ils font qu'on aime ; et d'autres, au contraire,
Sont d'un vil plomb, qui rend froid et sévère.
O dieu d'amour ! en qui j'ai tant de foi,
Prends tes traits d'or pour Alice et pour moi.

— Ramper avec bassesse, en affectant l'audace,
S'engraisser de rapine, en attestant les lois,
Étouffer en secret son ami qu'on embrasse,
Voilà l'homme qui règne à la suite des rois.

— Shakespeare, dans sa tragédie d'*Henri VIII*, fait paraître ce prince, on pourrait dire ce monstre, en habit pastoral, dans un bal donné par le cardinal Wolsey. Henri VIII, ainsi déguisé, rappelle un peu la fable du *Loup devenu Berger*.

— Freval, le fripon, pour épouvanter les critiques, les menace de son épée, qui n'est guère à craindre ; c'est de sa plume qu'il devrait les menacer, car il écrit à faire trembler.

— Les hommes qui durant leur vie ont figuré dans le monde de la manière la plus imposante, en sortent quelquefois de la manière la plus ridicule, ou risible.

Le cardinal Mazarin fut dans ce cas. Les vers suivants nous apprennent par quelle *voie* s'échappa son dernier soupir :...

Jules, voyant Satan tout auprès de sa couche,
Epier sa pauvre âme au sortir de sa bouche,
Conçut, pour l'attraper, un cauteleux dessein ;
Plus fin qu'un diable même, à son heure dernière,
Le rusé cardinal demanda le bassin,
Et rendit dextrement son âme par derrière....

— On sait qu'un bon curé, lisant en chaire un chapitre de la Genèse, la page finissait par ces mots : *et le Seigneur donna à Adam une femme ;* puis tournant, sans y faire attention, deux ou trois feuillets au lieu d'un, il continua : *elle était goudronnée en dedans et en dehors.* Il était question de l'Arche ; de la naissance du Monde, le bonhomme n'avait fait qu'un sot au déluge.

Singulière épitaphe.

Il est mort en portant sa belle,
Le pauvre amant qui gît ici ;
S'il eût été porté par elle,
Il serait mieux, sa belle aussi.

—Le jeûne, dit-on, rachète les péchés ; ceux qui jeû-
nent ne sont pas toujours ceux qui ont péché.

J'ai connu deux dames, et encore quelques autres...,
qui n'étaient pas plus exemptes de scrupules que de ten-
tations ; faisaient jeûner leurs domestiques pendant le
Carême, en expiation des fredaines qu'elles s'étaient
permises... C'est comme cela que les choses se passent
les trois quarts du temps en ce bas-monde.

— La vie de l'esprit n'est nulle part plus intense que
dans le silence et la solitude.

— Un paysan, servait de guide en Allemagne, à un
de nos détachements ; les chemins, détrempés par la
pluie, étaient des plus affreux : Dieu sait si nos soldats
juraient ! « Bon courage, s'écria-t-il tout-à-coup, en
apercevant le clocher du village : bon courage, répé-
ta-t-il : voilà ma patrie ! » — « Ta patrie ! dit un grenadier qui était embourbé jusqu'aux genoux : est-ce qu'on
peut appeler cela une patrie ? »

— Un honnête homme peut avoir l'air d'un coquin,
et un coquin, celui d'un honnête homme : l'apparence
pourrait faire tromper sur tous les deux.

— « Qu'il soit Dieu, pourvu qu'il ne soit plus vivant,
disait Caracalla, donnant son consentement à l'apothéose
de son frère Géta, qu'il avait poignardé de sa propre

main, entre les bras de Julie, leur commune mère. »
— *Sit divus dùm non sit vivus.*

— Un fils, qui manque d'égard ou de respect à son père ou à sa mère, s'il n'est dans l'ivresse ou fou, est un monstre; si c'est en écrivant une lettre, c'est un cœur perdu, dominé par les mauvaises passions : car le temps d'écrire une lettre donne le temps de la réflexion.

— Je préfère assister à un enterrement qu'à un mariage. Au premier acte important de la vie, les peines commencent : au dernier, elles finissent seulement.

— Le plus beau jour de la vie est souvent celui de la mort, que je regarde toujours comme un bienfait : car naître est souvent le premier malheur.

— Je ne connais rien de plus affligeant pour un père, qui fut toujours bon pour ses enfants, qu'un mauvais fils, un fils ingrat, et une sotte fille, au cœur sec.

— J'ai travaillé de bonne heure à n'être point capricieux, ni fantasque; j'aime que mes idées calmes et coordonnées me conduisent à des actions paisibles et régulières.

— Les courses de chevaux en France ne sont qu'une imitation servile d'un usage anglais, sans grande utilité.

— L'avoine chinoise est supérieure à l'avoine d'Europe : son grain est très-petit ; elle pèse moitié plus ; la moitié en volume suffit pour ensemencer, et elle rend trente pour un. On commence en Autriche à la cultiver en grand. Je ne sache pas que l'on s'en occupe en France.

— Pascal l'a dit : Ce qui est mensonge à l'Ouest, devient souvent vérité en passant à l'Est.

— Qui me voit m'apprécie, et sait d'ailleurs dédaigner l'ombrageuse imbécilité, et sotte envie.

— François Premier l'écrivit :

> « Souvent femme varie ;
> Bien fol est qui s'y fie. »

— On se dégoûte de plus en plus du monde, par la triste vérité et l'expérience inévitable qu'apportent les années.

— Il vaut mieux être un Achille chez soi, qu'un Diomède ailleurs.

— Lafontaine l'a dit :

> « Rien ne sert de courir, il faut partir à point. »

— Pour donner une idée des Turcs et de leur orgueil, il suffit de citer un de leurs adages favoris :

La richesse aux Indes,

L'esprit en Europe,

Et la pompe chez les Ottomans.

— Heureux qui de ses mains, comme nos premiers pères,
Cultive en paix ses champs, et vit libre d'affaires.

— Une femme à qui la vertu est chère, doit toujours
être sur ses gardes : la société la mieux composée réunit
tout à la fois des avantages et des périls; l'esprit de
conduite consiste à jouir avec sobriété des premiers et
à éloigner de soi les autres par prudence. Si malheureusement elle se laisse dominer par ses sens, ce qui
arrive souvent, elle semble s'éloigner de son origine ;
elle prouve alors qu'au lieu d'âme et de cœur, elle n'a
qu'un instinct déplorable par ses déréglements. La
femme, lorsqu'elle est bonne, est la parure et le charme
de la société, quelque soit son âge; lorsqu'elle réunit
les qualités et qu'elle fait de la vertu et de la charité
ses divinités, avec l'honneur qui doit être notre partage,
elle obtiendra estime et hommages.

Nous nous abstiendrons de troubler le calme de leurs
âmes, en leur manifestant des desirs qui les offenseraient,
s'ils n'étaient pas d'accord avec les devoirs d'épouses ou
de filles respectueuses à l'autorité paternelle. Notre
honneur protégerait leur faiblesse contre les attaques de

leurs ennemis, contre les aggressions de l'injustice ; leurs ennemis seraient les nôtres ; et si notre valeur et nos exploits nous faisaient recevoir de leurs mains des lauriers, nous leur offririons des couronnes de fleurs, avec l'estime que commanderaient leurs vertus et leur bonté de caractère.

PHILOSOPHIE DE MA JEUNESSE.

Lisette et le vin.

— Malgré le censeur austère,
Ici bas point de bonheur
Sans les plaisirs de Cythère,
Sans la grappe du buveur ;
Heureux avec la fillette,
Heureux avec le raisin ;
Ai-js tort d'aimer Lisette ?
Ai-je tort d'aimer le vin ?

Si ma bouteille m'échappe,
Lisette me restera ;
Et si Lisette m'attrape,
Mon vin me consolera ;
Si Bacchus trouble ma tête,
L'Amour me tendra la main.
Ai-je tort d'aimer Lisette ?
Ai-je tort d'aimer le vin ?

Sur le fleuve de la vie,

Je ne guide mon bateau

Que vers le dieu d'Idalie,

Ou vers le dieu du tonneau.

Chez l'un vois-je une tempête?

Le ciel chez l'autre est serein.

Ai-je-tort d'aimer Lisette?

Ai-je tort d'aimer le vin?

Lettre à un ami.

— Je m'applaudis depuis longtemps d'avoir fait en vous la connaissance d'un homme de bien, qui sait souffrir avec honneur et résignation la mauvaise fortune. Un honnête homme est toujours chose rare en tout temps, et rend doublement heureux d'en rencontrer un.

Il faudra pourtant aviser au moyen d'améliorer votre position, c'est justice et utile. J'ai possédé pendant quinze jours Clémentine chez moi, c'est une enfant charmant et intéressant que j'aime; mais j'aurais mieux aimé lui voir de bons souliers pour l'hiver, et moins de bracelets à sa chère maman, qui est si bonne qu'elle en est faible.

Le nécessaire est préférable au superflu.

J'espère que vous viendrez me voir et causer avec moi

quand vous le pourrez ; mais venez seul , entre nous deux seulement.

J'aurai toujours grand plaisir à vous voir et à profiter de votre conversation , si la mienne ne vous ennuie pas.

Sur la Légion-d'Honneur.

A la chute de l'empire, l'effectif de la Légion-d'Honneur était de 30,747 membres , appartenant aux *cent-trente départements* dont se composait alors la France. Au 9 novembre 1844 , cet effectif était de 49,714 membres, savoir : 81 grand'croix, 201 grands-officiers, 833 commandeurs, 4,482 officiers, et 44,117 chevaliers.

Sur le nombre total, 29,863 membres n'ont point de traitement , 19,851 reçoivent le traitement afférant à leur grade.

Les revenus propres de l'Ordre sont, pour 1846 , de 7,000,000, les dépenses sont évaluées à 6,897,793 fr.

TABLEAU COMPARATIF

des membres de la Légion-d'Honneur à la fin de l'empire et de notre époque (1845).

Nombre des Légionnaires	en 1814,		en 1845.
Sous-préfets de l'empire décorés. .	19	—	161
Conseillers de préfecture. . . .	5	—	98

Receveurs des finances et payeurs.	4 —	82
Directeurs et receveurs des droits réunis, contributions indirectes.	0 —	66
Bureaux, ministère des finances, premiers commis ou directeurs, chefs de division et de bureau, inspecteurs des finances, etc. .	4 —	77
Préfecture de police.	9 —	48
Membres correspondants de l'Instit.	99 —	249
Médecins de Paris.	21 —	328
Banquiers et agents de change de Paris.	1 —	46
Avoués et notaires de Paris. . .	0 —	54

On voit, par ce rapprochement, à quel degré de décadence est tombée cette institution si glorieuse autrefois. Si ce n'est pas une honte…? Il en résulte aujourd'hui que ceux qui l'ont méritée, depuis longtemps ne la portent plus.

— Le monde n'est qu'un vaste théâtre, où la vie n'est qu'une espèce de comédie, où l'on a souvent plus de maux que de satisfaction, et qui finit par la mort, pour être ensuite précipité dans le gouffre commun.

— La définition de la véritable gloire, c'est l'estime des hommes prolongée dans les siècles.

— Quand donc sortira-t-on du stupide contre-sens de laisser l'effigie d'Henri IV sur la décoration de la Légion-d'Honneur? Personne ne révère plus que moi la mémoire de ce roi gaillard ; mais laissons donc à chacun ses œuvres, et ne blessons pas la raison en plaçant Henri IV à l'époque de Napoléon.

— « Je voudrais, disait J.-B. Colbert, que mes pro-
» jets eussent une fin heureuse, que ce royaume jouît
» des douceurs de l'abondance, que tout le monde y
» fût content ; et, sans dignités, sans honneurs, éloigné
» des affaires publiques, voir l'herbe croître dans mes
» cours. »

Mais ce rêve n'est pas possible.

— Victime de procédés inouïs et des passions qui affligent les hommes, j'ai légèrement esquissé le scandale et les abus de certaines inspections militaires ; on aurait pu me croire vindicatif, lorsque je n'éprouve que mépris, mêlé d'indulgence. Je laisse à d'autres à dévoiler de lâches turpitudes, me contentant, tous les trois mois, de reprocher au ministre d'alors ainsi qu'à l'inspecteur déloyal, leurs iniquités et déplorable conduite.

Cette correspondance, depuis quatre ans, viendra un jour à l'appui d'abus, par fois révoltants.

— Pendant mon séjour en Afrique, je soumis plusieurs

questions à un Maure assez instruit et très-attaché à sa croyance. Mon point de curiosité était Mahomet : je lui demandai si les violences et les brigandages qu'il avait exercés pour la faire recevoir étaient bien vrais. Écoute, me dit-il, il est dommage que tu sois de ta nation, et que tu sois dans ses préjugés : notre prophète ne s'est porté à ces excès que parce qu'il y a été forcé par le Tout-Puissant, qui voulait punir un peuple dont les vices avaient comblé la mesure. Regarde dans la Bible, qui est un livre sacré de ta religion, tu verras que Dieu ordonna aux Juifs de massacrer et d'exterminer jusqu'aux enfants à la mamelle pour certaines actions qui avaient mérité sa colère. Pourquoi loues-tu et approuves-tu dans les uns ce que tu blâmes dans les autres? Avant de condamner une action, il serait sage d'en regarder le motif; d'ailleurs Mahomet avait des droits pour recouvrer le chérifat de la Mecque, que ses ancêtres avaient possédé pendant plusieurs générations; et, ayant été traversé dans cette entreprise par plusieurs princes voisins, il usa de représailles. Si tu regardes Mahomet comme un envoyé de Dieu, tu ne dois point lui faire un crime d'avoir obéi, ainsi que les chefs du peuple juif de ce temps-là. Si tu le condamnes comme prince, pourquoi loues-tu Alexandre, Jules-César et Napoléon?

Notre prophète n'a jamais condamné personne à mort à cause de sa religion, il s'est contenté d'imposer un tribut à ceux qui ne voulaient point embrasser la loi.

Quant à la pluralité des femmes et à la liberté d'entretenir plusieurs concubines, cette maxime que tu parais condamner comme chrétien, est aussi ancienne que le monde. Lamech n'épousa-t-il pas deux femmes peu de temps après la création de la terre, c'est-à-dire, dès qu'il y eut quelques femmes en plus d'hommes. Il ne fut point censuré de Dieu pour cela, puisqu'il a fait l'homme pour créer. Jacob ne prit-il pas les deux sœurs en mariage dans le même temps, outre ses concubines? David le prophète n'eut-il pas plusieurs femmes? et dans les derniers jours de sa vie il prit sans scrupule une jeune fille; et pourtant ses derniers jours furent des jours de pénitence. Salomon, réputé le plus sage des rois, inspiré de Dieu, n'en fut pas abandonné pour avoir un nombre infini de concubines, que l'on porte à trois cents; mais pour avoir idolâtré, par complaisance pour elles, ce qui lui fut également arrivé, s'il n'en eût eu qu'une et qu'il l'eût aimée jusqu'à cet excès horrible. Combien tu dois considérer notre coutume préférable à la tienne, et plus utile à la société que celle des chrétiens. Lorsqu'une femme chez toi se trouve stérile, son mari devient inutile à l'état; il est puni lui-même, sans l'avoir mérité, des défauts de sa femme, et privé pour jamais du doux nom de père ; delà les mauvais ménages et la débauche que tu reproches à tort aux musulmans, à qui la loi divine, donnée par le grand prophète, permet par sagesse la pluralité des femmes, que la nature semble nous conseiller.

Tu railles mal à propos sur les plaisirs que nous promet notre paradis : ce qui ne décide rien , à moins que tu ne veuilles croire que des plaisanteries soient des raisons. Toi chrétien , tu penses bien qu'un jour tu reprendras ton même corps, et que tu seras dans le paradis comme tu es sur la terre ; or, si tu crois cela, quelle difficulté, quelle honte trouves-tu aux plaisirs délicieux que Mahomet nous promet ? L'un est aussi croyable que l'autre.

Quelque faibles que fussent ces raisons, qui peut parmi nous les éclaircir ? Je restai surpris de voir qu'elles eussent une apparence de bon sens : si ce sont des impertinences de croyances, elles sont au moins colorées, et son excuse pour la pluralité des femmes doit trouver de l'écho chez les chrétiens, qui les remplacent à d'autres titres sous celui de maîtresses.

Le lecteur sait déjà, car je l'ai annoncé en commençant cet écrit, que j'ai passé les premières années de ma vie en Hollande, pays classique du bon sens et de la liberté ; la première de ces qualités entraîne l'autre nécessairement, ainsi que la probité. Libre dans tout ce qui ne va point contre l'Etat, il ne connaît d'autres maîtres que la vertu et le devoir. Les Turcs, que l'on regarde comme une nation barbare, à qui le ciel n'a donné que les idées les plus ordinaires, ont du bon sens, de la probité et de la candeur ; les banqueroutes, si fréquentes en France, sont presque inconnues dans le Levant ; la bonne foi y sert de notaire ; on y ignore les contrats d'assurance et de garantie ; les dépôts s'y font sur la bonne foi, ou tout au plus sous seing privé. Il serait cependant absurde de croire qu'il n'arrive jamais une friponnerie ; les hommes y sont, comme ailleurs, sujets de l'humanité ; mais sur ce qui regarde la loyauté, je les crois plus exacts que les autres, plus civilisés ; on les regarde comme des gens à qui les sciences sont inconnues ; c'est avec peu de raison ; ils n'étudient ni le grec ni le latin, parce que ces langues leur sont inutiles ; mais il y a des colléges publics où ils apprennent l'arabe et le persan ; leurs meilleurs écrivains ont écrit dans ces deux langues, et ce sont les seules qui leur deviennent nécessaires.

*Lettre de M. G***, bibliothécaire de la ville d'Angers.*

Le 29 avril 1843.

Monsieur,

J'ai bien tardé à vous répondre, mais ce n'est pas que j'aie perdu de vue un moment vos lettres, vos notes, etc.

Je finissais un travail sur de vieux manuscrits ; j'y étais absorbé, et ne voulais pas m'en détourner. J'étais bien sûr de retrouver vos papiers, que j'avais mis à part, et que je tenais en réserve pour les lire, ou plutôt pour les relire avec un intérêt très-soutenu et très-vif.

Vous êtes, monsieur, vous et votre père, deux hommes de France les plus généreux, deux de nos patriotes fidèles et de nos plus glorieux officiers.

Vous êtes entré dans les rangs de notre armée, dès que vous avez pu porter un sabre, à quatorze ans, et mérité d'être décoré à dix-sept ans moins quatre jours, et vous n'en êtes sorti que par l'exil, l'injustice ou la mort.

Nous vous connaissions par les bulletins de l'Empereur avant de vous connaître par E***, notre amie, à qui je sais gré de vous avoir déterminé à m'envoyer les documents que j'ai sous les yeux, et que j'ai tant de plaisir à placer dans notre cabinet angevin.

Je vous remercie de vos soins, de votre confiance ; je vous remercie de l'obligeance que vous me témoignez dans votre lettre, et que vous m'avez toujours montrée.

Recevez mes vœux, et croyez, Monsieur, à mon dévouement sans réserve.

Au prince major-général.

Strasbourg, le 30 décembre, 1813.

Monseigneur,

Le capitaine ***, fils du général de ce nom, et officier d'état-major du 14ᵉ corps, chef d'état-major à la 43ᵉ division, s'est échappé des prisons d'Autriche, et vient de rentrer en France. Il pourra offrir à Votre Altesse d'utiles renseignements sur la marche et les forces des armées ennemies. Je ne doute pas que vous ne l'entendiez avec intérêt. Je lui en porte, Monseigneur, un très-particulier ; et, comme il se trouve sans fonctions, je vous demande de l'attacher comme officier d'état-major à la cavalerie, qui en est en ce moment dépourvue, etc., etc.

J'ai l'honneur, etc.,

Le colonel-général, commandant en chef la cavalerie,

Comte GROUCHY.

Lettre du prince de Puckler-Muskau.

Château de Muskau, 20 décembre 1842.

Mon cher colonel,

Ce n'est qu'en ce moment que je reçois votre aimable lettre, datée du 27 août, qui, après avoir parcouru toute

l'Allemagne en tous sens, est allée directement à Moscou
en Russie.

Elle m'est revenue de là dans un état si pitoyable, dé-
chirée, recachetée, couverte d'hyéroglyphes cosaques,
que je la soupçonne presque d'avoir été envoyée en
Sibérie, comme suspecte de libéralisme ou de sympathie
polonaise; enfin, tous les chemins mènent à Rome, et
cette chère lettre avec ses doux souvenirs d'Algérie est
devant moi.

Soyez bien sûr, mon cher colonel, que rien ne pourrait me faire plus de plaisir que la visite que vous voulez
bien m'annoncer à Muskau; j'en serai ravi; seulement,
ne prenez pas la même route que votre lettre, vous vous
feriez trop attendre.

Si le hasard me conduisait plus tôt dans les contrées
que vous habitez, je ne manquerai certainement pas de
me prévaloir également de votre obligeante invitation, et
de cette manière j'espère, en tous cas, toucher bien
près à l'époque où je pourrai, mon cher baron, vous
exprimer de vive-voix toute l'affection et la considération
la plus distinguée, avec laquelle j'ai l'honneur de me dire

Votre dévoué serviteur et sans réserve.

Lettre au général Thiard, député.

Paris, le 10 mars 1843.

Mon général,

Veuillez vous montrer indulgent, et souffrir l'importunité de cette lettre, qui ne la mériterait pas sans doute, si le sujet ne trouvait pas son excuse dans un motif qui doit vous intéresser.

Voici ce que je trouve et extrais de Sainte-Beuve, dans son Tableau de la Poésie française :

« Pontus de Thiard avait, dans sa jeunesse, et dans les premiers temps de la réforme poétique, publié, sous le titre d'*Erreurs amoureuses,* des Sonnets dans lesquels il célébrait une maîtresse du nom de Pasithée ; mais il s'était depuis livré sans partage aux mathématiques et à la théologie, pour occuper ensuite l'évêché de Châlons.

» Par ce titre d'*Erreurs amoureuses,* l'auteur faisait allusion à son nom de *Pontus* (Pontus était l'un des chevaliers de la Table ronde). G. Colletet, dans sa vie de Pontus, parlant de l'universalité de connaissances qui distinguait ce poète, lui applique le mot d'Ovide, *omnia Pontus erat.* Le premier Livre de ces Erreurs date de 1548. Il fut le dernier survivant des Sept de la pléiade, et l'ami de Ronsard ; il semble, dans sa vie, avoir pris pour devise les vers de Virgile sur les Muses... Il ne mourut qu'en 1605, âgé de quatre-vingt-trois ans ; il avait débuté en poésie, cinquante-sept ans auparavant.

» L'honorable général Thiard, qui a marqué dans les Chambres sous l'époque appelée *restauration,* est de sa descendance.

» Permettez-moi, mon général, comme soldat de l'empire, de vous montrer en cette occasion ma vive sympathie, etc., etc. »

Profession de foi religieuse de Napoléon.

— L'Empereur était sincèrement religieux ; mais, en homme d'un haut sens, et j'ajouterai même catholique : il détestait également le cynisme philosophique qui inspire le dédain de la religion, considérée comme l'appui de la morale et des bonnes mœurs, et la bigoterie qui restreint l'intelligence humaine. On serait dans une grande erreur si l'on en concluait qu'en flétrissant les abus et les excès commis au nom de la religion par ses ministres, il méconnût l'influence civilisatrice du christianisme. En rétablissant le culte catholique en France, il comblait le vide que son absence avait laissé dans l'Etat, mais il obéissait en même temps à un instinct religieux, résultat de ses convictions et des impressions de son enfance, qui étaient toujours vivantes dans son âme, témoin les idées religieuses que réveillait en lui la cloche de l'église de

Rueil, qu'il entendait du jardin de Malmaison, et son recours aux consolations et aux secours de la religion, à son heure suprême à Sainte-Hélène.

— Il arrive des nominations bien étranges dans la Légion-d'Honneur. Comprend-on que l'on donne la croix de la Légion-d'Honneur à qui, dans sa Biographie des Gens de Lettres, ose avouer sans pudeur que, si défendre sa patrie en danger est un devoir sacré, il n'en a pas moins refusé de la défendre pour ne pas abandonner l'administration de sa fortune, et renoncer à l'existence qu'il s'était faite. Comme s'il était permis de calculer ainsi sans blâme : où serait la sûreté des Etats, si l'homme ne flétrissait pas une telle maxime, et si tous les hommes, au moment du danger de la patrie, ne lui devaient pas tous leur sang ! On s'étonne avec raison que l'on avoue aussi peu de générosité et un égoïsme pareil, en cherchant à justifier, par des phrases banales, qui ne sont plus de saison, que l'on ne voulait pas servir le despote, que quelques pygmées, bien rares, accusent honteusement, lorsque la nation et les nations étrangères augmentent, pour ce vaste génie, leur estime et leur admiration.

Les Anglais ont cela de remarquable, c'est qu'au moindre danger de la patrie, au moindre préjudice, tous les intérêts personnels disparaissent d'abord, et un homme qui oserait, dans leur patrie, avancer une telle turpitude, serait honni à jamais avec justice, et repoussé de toutes les récompenses nationales, car la patrie ne peut souffrir des subtilités d'opinions ni des fous ni des sots.

— Que de savantasses il faut supporter pour un savant.

— L'Empereur le disait bien : « Nattendez rien de bon d'un homme qui ne sait pas aimer et respecter son père ou sa mère; ce ne peut être qu'un misérable. »

*Épitaphe future de la famille D****

Ci-gît une famille hypocrite et cruelle,
Passant, crainds son venin, et fuis à tire-d'aile.

— Les travers et les faiblesses qui causèrent les malheurs de J.-J. Rousseau, furent les tributs que son génie payait à l'humanité; mais quel est le cœur qui ne le plaigne? quel est l'esprit qui n'admire Rousseau, et quel est l'homme digne de ce nom qui n'eût voulu être son ami ou son disciple?... Ame vraiment de feu, esprit sublime, écrivain du cœur, comment ne pas lui pardonner ses erreurs?... Il blâme lui-même celle de s'être séparé de ses enfants. (*Voy. l'Émile.*)

Loin d'être le provocateur de l'anarchie, Jean-Jacques ne cessait de répéter, tout en aimant l'indépendance :

« L'établissement de la liberté serait trop chèrement acheté, s'il coûtait la vie à un seul homme. »

Que de sang versé pour elle, cependant, et que de sang sera versé encore pour l'obtenir grande et digne !

— L'amiral Nelson était un homme pétri d'orgueil, qui se plaignait constamment de l'ingratitude de ses compatriotes; homme immoral s'il en fût jamais, qui, pour une impudique courtisanne, lady Hamilton, abandonna sa femme et son fils; homme déloyal et sanguinaire, qui ne recula point devant le meurtre du respectable prince Caraccioli, dont une capitulation sacrée garantissait la vie et la liberté.

Cet homme cupide, féroce dans ses haines, sans foi et sans moralité, avait sans cesse le nom de Dieu à la bouche, et s'appliquait à édifier ses compagnons d'armes par sa piété, voisine du fanatisme.

— Pendant les faits de guerre de la révolution et de l'empire, on sait que l'escadre russe, commandée par l'amiral Outchakoff, appuyée des Albanais, assiégeait Corfou, où commandait le brave général Chabot, secondé par Lejoille, commandant le vaisseau *le Généreux*. Cette défense, si belle et si honorable, se prolongea au point que la garnison se trouva réduite à moins de huit cents hommes, que l'ennemi supposait devoir être de six mille.

Elle dût s'imposer les plus cruelles privations ; les provisions de viandes salées étant épuisées, on eut recours aux chevaux, aux mulets, à tous les animaux domestiques, sans en excepter les chats ; tout objet de consommation s'achetait à des prix fabuleux ; les rats eux-mêmes avaient cours sur le marché ; on les vendait jusqu'à quatre et cinq francs ; la viande de cheval (et quel cheval !) se débitait, quand on pouvait s'en procurer, au taux de 15 francs la livre ; du frommage degoûtant, 10 francs, et une volaille 50 francs, trop heureux encore lorsque l'on pouvait s'en procurer. En un mot, la belle défense de Corfou par le général Chabot l'immortalise à jamais.

— Je n'aime pas m'entendre dire : « Vous semblez triste, ou : Vous vous ennuyez près de moi ». C'est de quoi me rendre l'un et l'autre.

— Celui qui cesse de lire cesse d'apprendre.

— On oublie trop généralement qu'on doit cacher les services que l'on est trop heureux de pouvoir rendre, mais non pas la reconnaissance.

— Pour une âme libre, l'amitié n'est qu'une émulation de haute vertu, le mariage une loi de société, l'amour un plaisir passager qui a sa faiblesse, la patrie seule une passion digne.

— Il faut laisser jouir la fortune tout à son aise de son triomphe sur un malheureux : elle finit par se lasser.

— Les Trois Grâces étaient *Aglaë*, ou *Pasithée*, *Euphrosine* et *Thalia*; ce sont des noms grecs dont le premier signifie *gaîté*, le second veut dire *agrément*, et *Thalia*, *béauté*. Que de Grâces en ce monde, malheureusement plus communes que la bonté et la vertu !

—Que de lâches décrient en arrière les hommes qu'ils saluent avec un profond respect, ou n'ont jamais osé provoquer officiellement.

Dictons des Arabes.

Hechter Allah veut dire *un seul Dieu*.
Allah kenim, à la volonté de Dieu.

— L'inévitable abîme de la mort est la consolation des maux de cette vie.

— Qu'il me soit permis de dire un mot sérieux sur les femmes : elles ont, en Europe, une si grande influence, qu'un jour un ambassadeur écrivait : « Je puis me débarrasser des affaires, mais je ne sais comment me débarrasser des femmes. » Ne nous plaignons pas de leur mobilité, mais de la mauvaise éducation qu'elles reçoivent et qui en font la plus grande plaie aux mœurs, qu'elles devraient maintenir. Cette portion aimable de l'espèce humaine, presqu'esclave de l'homme peu civilisé, rend l'homme son esclave dans la société plus avancée. Instrument des plaisirs de l'homme corrompu, vouée à la frivolité, ou vivant obscurément, n'est occupée que des moyens de servir ou d'amuser l'homme, en l'asservissant. On veut que les femmes soient modestes et vertueuses, et on leur enseigne uniquement à plaire, soit par le luxe ou la parure, fléau de l'innocence ou des vertus. Leurs désordres sont donc le fruit de l'éducation, de la dissipation où elles vivent. Les hommes même, sous peine de n'être pas heureux, sont obligés de leur plaire, et deviennent frivoles, pour ne pas dire vicieux. Les femmes, en général, vivent de dissimulations, d'illusions et de chimères, et aussitôt que cet aliment vient à manquer à leur imagination, en s'évanouissant avec les fleurs que l'âge détruit, on les voit tomber fanées par l'anéantissement, qui est pour elles la mort de l'âme ; arrivées à cette situation, l'ennui les rend malheureuses, et l'humeur les rend insupportables.

Le moyen serait donc qu'une bonne éducation, sage, conforme à leur nature et leurs besoins, les préserve en naissant d'être vouées au malheur ; pour cela il faut les instruire, leur inspirer l'amour des vertus solides et le goût des occupations de famille, qui seules peuvent les rendre heureuses, et préserver d'ailleurs leur inexpérience. La morale évangélique, base de tout principe, ne saurait leur être négligée ; il n'est pas de bonne éducation sans religion : elle est le complément de la moralité.

Ne nous le dissimulons pas ; les femmes sont capables de produire d'heureux effets dans la société humaine ; destinées par la faiblesse des hommes à régner sur eux, leur empire commence, pour ainsi dire, au berceau. La sensibilité de leur âme, je parle en général, car je connais des exceptions, le charme de leur voix, l'éloquence de leur regard dont elles profitent si bien, et un je ne sais quoi qui agit si puissamment sur nos cœurs et nos sens, leur donnent un ascendant bien supérieur à celui des plus habiles maîtres, car chaque jeune fille trouve le moyen de tromper sa mère : ce n'est donc qu'au sein de l'occupation, et loin de la dissipation, que cet avantage peut profiter aux mœurs.

Beaucoup de femmes, dans les gouvernements despotiques, où elles passent pour être esclaves, ne rougissent pas des soins les plus détaillés de leur ménage, d'élever sévèrement leurs enfants, et de s'occuper d'ouvrages utiles à la communauté. Qui ne sait que l'oisiveté engendre les vices dont le travail seul garantit. La nature nous montre évidemment qu'elle a destiné les femmes à reproduire et à perpétuer le genre humain, en plaçant dans leur âme une sensibilité vive et tendre qui la conserve utile à la création, mais qui doit tourner au préjudice de leurs vertus, si l'éducation ne la guide et ne l'avertit des écarts. Toute leur sensibilité semble tenir à la qualité de *mères;* et, il faut l'avouer, c'est principalement sous ce rapport qu'elles sont admirables. Mais malheur à elles, lorsque cette sensibilité se porte sur des objets étrangers ; elle ne peut alors que devenir fatale à leur honnêteté et à leur repos.

On juge, à tort peut-être, que dans des climats tempérés les passions, plus calmes et moins vives, les femmes peuvent, sans inconvénients, embellir la société en faisant le bonheur d'un seul homme, contribuer à l'agrément de tous ; je l'admets, puisque c'est l'usage, sans m'en dissimuler la gravité, qui, dans l'Orient aurait ses dangers, puisqu'en Occident cette liberté est souvent funeste aux maris.

— Voyez quel malheur est le mien !
Disait une certaine dame :
J'ai tâché d'amasser du bien,
D'être toujours honnête femme ,
Je n'ai pu réussir à rien.

— De plaire, un jour, sans aimer, j'eus l'envie ;

Je ne cherchais qu'un simple amusement ;

L'amusement devint un sentiment,

Ce sentiment le bonheur de ma vie.

J'attribue ces derniers vers à la duchesse de Boufflers, connue par le charme de son esprit.

— La pièce des *Deux-Gendres,* bonne du reste, passe pour un plagiat d'une pièce de jésuite, intitulée *Conaxa.*

— L'indulgence d'une mère trop tendre est souvent la ruine des espérances que donnent les enfants ; à juger de leurs défauts et de leur mauvais caractère, on peut juger la faiblesse des parents ; au lieu que l'adversité, si utile à l'âme, est comme l'amour d'un père prévoyant, qui les exerce par le travail et une paternelle sévérité.

— Une triste vérité conjugale, c'est que le mariage, pour beaucoup de femmes, n'est qu'un degré pour arriver à autre chose.... Ce n'est qu'un premier but.

— Lire l'ouvrage de Melle. Avrillon, sur la cour de l'Impératrice. Tout y est vrai.

Voir celui de Mme. Georgette Ducrest, qui n'est qu'un roman historique ; mais très-bon à lire, dans lequel l'héroïne s'est donné un rôle qu'elle n'a cependant pas rempli.

— Un jour, mon régiment étant en marche, un orage des plus forts vint à éclater; nous mettions nos manteaux. Un villageois vint à passer. « Mon ami, lui dis-je, pleuvra-t-il aujourd'hui? » — « Monsieur le railleur, me répondit-il, si j'ons le plaisir de vous voir demain, j'saurons vous dire ça. » J'en ris encore en me le rappelant.

— Il arriva un jour une réplique non moins fine à M. Bouché, ancien secrétaire-général de préfecture, connu par la gaîté provoquante de son esprit enjoué : étant en tournée dans son département, et ayant mis pied à terre avec le préfet, ils traversèrent un village rempli d'oies. M. Bouché, avisant une femme, portant un enfant dans ses bras, sur le seuil de sa porte, lui dit : « Il paraît, ma bonne femme, qu'il n'y a que des oies dans ce pays. » — Sans se déconcerter, elle répliqua aussitôt : « Il en passe aussi quelquefois, Monsieur. »

— Depuis que l'on ne voit plus de filles soumises ostensiblement dans Paris, on prend les femmes, à moins qu'elles ne soient vieilles ou laides, pour ce qu'elles ne sont peut-être pas.

— Bien des gens s'ôtent le mérite d'un service rendu, par un méchant et indiscret babil; d'autres se lassent bientôt d'une bonne action, car l'année est à peine écoulée, qu'ils trouvent pesante la charge qu'ils se sont volontairement imposée. Comme si, avec un cœur délicat, le malheur d'une infortunée ne devait pas être la seule préoccupation ; et l'honneur bien placé ne commande-t-il pas de savoir persévérer, même en se gênant, dans le bien que l'on peut faire : doit-on d'ailleurs, en commençant une œuvre louable, ne la vouloir que le moins longtemps possible. C'est alors s'ôter le mérite de l'élan, qui n'était donc qu'un semblant.

— Compter sur le bonheur temporel, qui meurt si difficilement dans le cœur de l'homme, c'est se leurrer.

— Le désœuvrement n'est pas moins le fléau de la société que celui de la solitude.

— Un accroissement rapide de prospérité n'est pas toujours une preuve de vertu, mais plutôt de chances heureuses, si ce n'est d'intrigues et d'actions blâmables et déloyales, ou de servilité.

— L'influence d'une personne méchante dans une famille peut suffire pour en bannir l'accord et la tranquillité. Les preuves existent.

— On ne sait comment les méchants seront dans l'autre monde : toujours est-il que, dans celui-ci, ils sont bien embarrassants.

— Un homme, vraiment vertueux, est difficile à connaître par le bien qu'il fait, ainsi que par ses bonnes actions ; il les cache, tandis que l'homme vain et glorieux s'en vante.

— Le mariage est une sottise honnête, qu'un homme d'esprit ne s'avise pas, ou du moins pas deux fois.

— Le cardinal Dubois se plaisait à rappeler qu'il était fils d'un apothicaire de Brive-la-Gaillarde ; d'autres dissimulent leur origine, et se font passer pour être d'extraction noble, qui n'ont pourtant dans leur province d'autre origine que celle du cardinal, moins ses talents.

— Grâce à Dieu, jusqu'à présent, j'ai su suivre le précepte de l'apôtre, souffrir... et dispenser les hypocrites parents et autres de me plaindre ; je les prie même de ne pas prendre plus de souci de moi que je n'en prends moi-même.

Je me trouve assez de raison, de sagesse et de courage pour ne pas me laisser abattre par le sort ; à plus forte raison, par le souffle vénéneux de l'envie et de la méchanceté de certaines personnes méprisables, auxquelles on tourne le dos.

Si la méchanceté augmente d'efforts pour me nuire, il me sera facile d'en triompher et de les couvrir de honte, en mettant au jour officiellement leur faiblesse et leur vie... Que veulent-elles faire au bout du compte? car leur jalousie les aveugle. Je regarde leur animosité comme un tourbillon de poussière agitée par le vent; ou le vent n'a pas la force de l'enlever de terre, ou s'il l'apporte dans les airs, ce n'est que pour la laisser tomber sur la tête des hommes, sur la couronne des rois, ou bien sur le faîte des palais et sur le sommet des tours, en un mot, elle ne peut descendre plus bas que n'est le lieu, d'où elle est montée.

Singulière tendresse filiale, où le cœur d'une fille se trouve plus dur que celui d'un recors.

Un vieux soldat de l'empire, retiré du monde, dont le souffle n'est pas toujours pur, s'applaudissait d'en vivre éloigné le plus possible dans la solitude; il n'entendait plus calomnier ou médire; loin de l'hypocrisie, il ne voyait plus la fausseté aduler les personnes qu'elle méprise, guidée par le vil intérêt personnel, ainsi qu'on le fait dans... le monde.

Rendant grâce à Dieu du parti qu'il avait pris, il gisait depuis trois mois dans son lit, tourmenté par des douleurs inouïes, trouvant sa résignation dans les souvenirs glorieux de l'empire, qui couvrent les murs de sa modeste chambre, parmi lesquels on lit avec attendrissement les pertes du cœur.

Arrive, un jour, chez le vieux soldat, l'officier civil qui lui annonce, dans les termes les plus mesurés, les tristes exigences de son ministère. Je ne demande pas mieux, monsieur, de vous suivre sur-le-champ; mais voyez ce pied droit, voyez cette jambe gauche, voyez ce bas-ventre enflé, où la goutte s'est jetée depuis trois jours, lui dit le vieux brave, comment faire? — Veuillez attendre, répliqua l'agent, je cours chez votre créancier, cela pourra peut-être s'arranger. Mais abusé sans doute sur de fausses apparences de mauvais vouloir, il ne voulut rien entendre. — Un ami conseilla à l'agent de voir la fille de ce père malheureux, dans une si triste position, — veuve sans enfants, dans l'aisance; mais arrivé là, plus grand désappointement encore; enfin le garde du commerce lui dit : — ce n'est personne qu'il faut consulter, c'est votre cœur. — Je ne m'en mêle pas, fut sa réponse.

— Mais, madame, il ne s'agit que de vouloir garantir la présence de votre père dans un mois, temps nécessaire à sa guérison. — C'est possible; mais je ne m'en mêle pas. — Mais, madame, malgré ses douleurs, je vais être obligé de l'arracher de son lit pour le conduire à la prison. — Eh bien! qu'il y aille...!

A cela il dut revenir près du malheureux père, qui lui dit avec une émotion facile à concevoir à semblables sentiments, je ne vous dirai pas marchons, mais transportez-moi sur-le-champ, comme vous pourrez ; il s'est fait des choses plus difficiles encore, mais moins cruelles.

Arrivé à la maison d'arrêt, le greffe instruit par le garde des détails pénibles de ces étranges sentiments, eut tous les égards possibles pour une si douloureuse position ; mais froissé par le cœur plus que par ses maux, son état de santé devint tel qu'il resta cinq mois sans pouvoir sortir de son lit, ni de sa chambre.

On doit être porté à croire que cette fille, dont le père fut toujours bon pour elle, et peut-être le seul bon de sa famille, a dû être changée en nourrice, ou malheureusement douée d'une mauvaise nature, ce que l'on pense généralement.

Victime touchante de la piété filiale (historique).

Après la mort du roi de Portugal, dont Carvalho, marquis de Pombal, avait soutenu le sceptre avec une énergie quelquefois sévère. Dona Maria 1, qui lui succéda, protégea toujours le ministre, retiré alors des affaires, à quelques lieues de Lisbonne, contre les ressentiments des grandes familles.

Cette princesse, longtemps avant notre arrivée en Portugal, était tombée dans un état d'aliénation mentale : la cause en est intéressante et digne de mémoire : c'était une princesse douce, spirituelle, et d'un extérieur agréable; dès qu'elle fut sur le trône, les grands la pressèrent vivement d'ordonner la révision du fameux procès des *Aveiro* et des *Tavora,* mis à mort sous le règne du roi son père, et sous le ministère de Pombal; on lui présentait comme innocentes les victimes de cette procédure, et elle n'était pas éloignée de croire que quelques-uns, en effet, n'avaient pas mérité une rigueur aussi grande; mais cette révision pouvait compromettre la mémoire de son père, qu'elle avait en vénération. Cette position accablait sa bonté et tourmentait sa conscience : tant que vécut son premier confesseur, homme d'un grand sens et de bonnes intentions, il la soutint et la rassura. Malheureusement, celui qui lui succéda appartenait à la haute noblesse, et ne prit pas le même soin de combattre les scrupules de la reine Maria; sa résolution ne changea point, mais sa raison succomba, et elle mourut quelque temps après son arrivée au Brésil, victime touchante de la piété filiale.

Tremblement de terre de Lisbonne.

— Le marquis de Pombal, à peine entré dans le ministère eut occasion de manifester son grand caractère dans la catastrophe du tremblement de terre de cette ville. Le roi, consterné, lui adressa douloureusement ces paroles : — « Que faire ? » — « Sire, répondit le ministre, *enterrer les morts et nourrir les vivants.* » Il passa plusieurs nuits et plusieurs jours au milieu de la campagne, envoyant partout des ordres pour faire arriver des vivres, que la terreur de l'événement aurait pu faire manquer à une population de 300,000 âmes ; il sauva alors le Portugal, que la famine et le brigandage pouvaient achever de ruiner. Il est beau à son roi de n'avoir jamais oublié un tel service, que, le péril passé, bien des gens ne manquèrent pas de déprécier.

— Les nobles et touchants procédés ne désarment pas toujours les caractères faibles, et leurs stupides susceptibilités ne font souvent que les irriter de plus en plus.

— Bientôt paraîtront les portraits caractérisés que j'ai esquissés, et que je me propose de faire connaître.

Copie d'une lettre du général Haxo.

Paris, le 20 janvier 1828.

Mon cher Cousin,

— Je ne dois pas vous laisser ignorer que j'avais entrepris de donner une petite leçon amicale et paternelle à ... ; mais que cela ne m'a pas réussi. La semaine dernière, il a écrit une lettre lamentable à sa mère, qui a bien voulu me la communiquer. Je n'y ai rien vu qui fût de nature à donner la moindre inquiétude, quoique ce fût là précisément l'effet que le rusé jeune homme s'étudiait à produire sur sa trop tendre mère. Le malheur m'étouffe, disait-il ; je ne puis plus supporter les atteintes que l'on porte à mon amour-propre... *je crains un malheur* (souligné). Là-dessus la maman a perdu la tête, et il faut avouer qu'elle y était un peu autorisée par un *post-scriptum* de M. de Broglie, général commandant l'école, qui offrait lui-même de donner un congé. Elle est allée à St-Cyr, et en a ramené ***. Ma femme et moi n'avons pas voulu le recevoir, parce que nous avons été choqués qu'il eût l'insensible courage d'inquiéter et d'affliger sa mère, pour parvenir à avoir un petit congé. J'ai des nouvelles de sa santé qui est très-bonne ; il m'écrit la lettre que vous trouverez ci-jointe, et à laquelle je n'ai pas répondu. Les désagréments qu'il dit éprouver de la part de ses camarades, proviennent de son extrême sus-ceptibilité, qui a toujours été encouragée à Nancy par l'excessive faiblesse de sa mère et de sa tante ; ses ca-marades, au contraire, ne le gâtent pas, et il ne veut pas s'y habituer. Il appelle maman à son secours, et on le ramène passer quinze jours à Paris, ce qui est le meilleur moyen possible pour l'empêcher de s'habituer à Saint-

Cyr, et à plier son caractère. Les élèves, comme à Nancy, se moquent de lui, mais je prévois qu'ils s'en moqueront davantage à son retour. Cependant il perd ici un temps précieux pour ses études arriérées ; et s'il continue de cette façon, il finira par être, malgré son grand amour-propre, au-dessous des autres. Je ne sais pas s'il s'est bien amusé ces jours derniers, mais M. ***, mon aide-de-camp m'apprend qu'il doit aller aujourd'hui voir et entendre la messe du Saint-Esprit, qui se dit pour l'ouverture des Chambres ; je désire qu'il y reçoive des inspirations dont il a besoin pour apprendre à se conduire comme un homme et comme un bon fils.

J'ai cru devoir vous donner ces détails quoiqu'ils ne fussent pas de nature à vous plaire, mais vous avez trop de raison pour les pouvoir entendre sans m'en savoir mauvais gré ; sa mère, au contraire, m'en veut un peu de ce que j'ai fait. Je désire qu'elle n'ait pas à se repentir un jour de ne pas suivre mes conseils ; au reste, ne lui dites pas, quant à présent, que je vous écris à ce sujet : cela ferait plus de mal que de bien.

Je vous embrasse de tout mon cœur, mon cher cousin.

*Copie d'une Lettre écrite à un fils, qui a provoqué une singu-
lière réponse que l'on pourrait qualifier différemment, et
qui rappelle celle non moins extraordinaire du fils du marquis de F *** à son père.*

Avril, 1843.

La gravité de l'inconvenance de ta dernière lettre à ta mère, mon cher ***, m'oblige à t'écrire à ce sujet. Tu en es peut-être déjà à t'en repentir, j'aime à le croire; mais est-ce raisonnable à un homme qui a trente-trois ans, d'être aussi faible, et sortir sans motif de son caractère; il faut l'époque où nous vivons, pour voir ainsi un fils manquer à sa mère; car on n'écrit ainsi à personne. Tu t'y oublies au point de menacer ta mère de ne plus lui écrire *définitivement*, si elle n'écrit de suite.

Réfléchis, mon ami, veuille te recueillir; et, j'en appelle à ton cœur, est-ce bien, est-ce louable? Toi, si difficile, si peu charitable envers la société, tu sembles bien indulgent envers toi-même; c'est cependant le contraire que **tu** devrais faire; car personne n'est assez pur, assez parfait pour se permettre de juger sévèrement les autres; ce caractère de censeur est tout au plus tolérable à une longue et vieille expérience, après avoir rendu de longs services à sa patrie : tu as le malheur de ne supporter aucune contrariété. Quel sera donc ton sort, quand tu seras éprouvé par l'injustice et l'adversité, comme tant d'autres, dont on n'entend pas un murmure ? Tu es arrivé à ton poste avec bonheur, lorsque d'autres, aussi méritant, n'y arriveront même pas, et tu ne sais pas être heureux et content ; tu pousses la faiblesse et la moindre contrariété à ne pas craindre d'affliger ta trop bonne mère, qui a tant fait pour toi, puisqu'elle a fait trop, au dire de tous... Tu pousses, dans ton humeur sauvage, l'insensibilité jusqu'à lui écrire des lettres qui lui tournent le sang, abrégent ses jours en altérant visiblement sa santé, car ses traits sont défigurés à chaque chagrin que tu ne crains pas de lui causer. Il est temps de prendre sur toi un parti sage ; c'est de te recueillir et de réfléchir sur tes défauts, de travailler à devenir meilleur. Tu as tout ce qu'il faut pour cela ; il ne suffit pas, dans la société où nous vivons, de ne pas avoir commis rien dont on ait à rougir, mais on doit, mon ami, lorsque l'on porte sur cette société un jugement aussi sévère, on doit soi-même y donner l'exemple et y porter sans prétention la bienveillance envers tous, et surtout ne jamais s'écarter du profond respect et de la tendresse filiale qu'on doit à ses parents, et surtout à une mère, lorsqu'elle a fait pour son fils des sacrifices dont elle et moi nous nous ressentirons toute la vie. Je ne veux pas te les rappeler, mais récapitule ta vie depuis l'âge de dix ans, et tu y trouveras plus d'un regret. On ne peut malheureusement se le dissimuler ; tu péches par ton caractère, que la moindre chose irrite, et par un excès d'amour-propre toujours nuisible ; un peu mène au bien, trop mène au mal, et c'est ce qui t'empêche de réfléchir au chagrin que tu causes, quand tu écris à ta mère des lettres véritablement peu sensées ; quand on aime ses parents, on doit craindre de les affliger ; d'ailleurs le respect le commande et en fait une obligation impérieuse dont tu t'écartes souvent, et motive cette lettre.

M'a-t-on jamais vu écrire à ta mère, loin d'elle, rien qui puisse altérer la quiétude de son existence ; lui ai-je jamais parlé de mes embarras, des injustices dont j'ai été abreuvé dans ma vie ; ne lui ai-je pas caché mon malheureux et douloureux accident tant que j'ai pu ? pourquoi ? parce que je pense qu'il faut être homme avant tout, et savoir souffrir sans affliger les siens. C'est plus que de la faiblesse, de ne pas craindre d'affliger bénévolement sa mère. Enfin, je désire, mon ami, que tu sois toujours heureux, et que tu ne sois pas éprouvé par les maux que mon vénérable père et moi avons endurés ; mais si un jour tu étais frappé dans ton existence militaire ou privée, n'oublie pas tout ce qu'il m'a fallu endurer, sans qu'aucune plainte soit sorti de ma bouche, je te prie de comprendre cette lettre ; il n'y a que moi qui puisse t'éclairer et te l'écrire : à tout âge, avec du jugement, une ferme volonté, on se corrige de tout ; ainsi ne t'excuse pas sur ton malheureux caractère, parce qu'un homme doit être homme avant tout, comme je te l'ai déjà dit.

Adieu, soyons amis ; mon cœur m'y convie, mais à la condition expresse de ne plus affliger ta mère ; ne t'occupe pas tant des autres, crois-moi : c'est du temps que tu te voles à toi-même pour te rendre meilleur,

Ton affectionné, ***.

Deuxième Lettre.

Août, 1845.

Un philosophe l'a dit : « les hommes sont également capables de bien et de mal ; ils peuvent être corrigés, puisqu'ils peuvent se pervertir. » Ce préambule à ma lettre signifie, mon ami, qu'un homme abusé doit être désireux d'être éclairé. Cette lettre n'est point un reproche que je vous adresse, sachez-le bien, mais j'ai cru que j'avais trop attendu jusqu'à ce jour de vous faire connaître que je possède entre les mains les preuves que toutes les sommes qui vous ont été avancées par votre tante, ont été acquittées par votre infortunée mère, sans que j'aie jamais été consulté, soit par l'une ou par l'autre.

J'ai les comptes de M. C... N..., qui en font foi, ainsi que des bons signes de vous à Saumur, et vous envois ci-joint copie d'une note écrite entièrement de la main de votre tante ; je ne fais aucune réflexion sur tout cela, mais j'ai pensé que vous seriez bien-aise de connaître la vérité, et ne vous abusiez pas sur la source de tant de générosité, que j'ignorais moi-même jusqu'à un certain point, lorsque les papiers me sont tombés entre les mains, en décembre 1844. Plusieurs personnes m'en avaient cependant parlé, même dans la famille ; mais, je vous le répète, ce n'est pas comme reproche que je vous écris, mais bien uniquement pour que vous soyez éclairé sur ce sujet, comme il serait à désirer que vous le fussiez sur le motif des haines de famille qui se sont établies. Mais à Paris les liens du sang ne décident de rien pour l'amitié et l'affection dues aux père et mère ; ils n'imposent généralement que des devoirs de décence faiblement observés ; dans la province ils exigent des services, non pas qu'on s'y aime plus, on s'y hait tout autant, mais on est plus parent par respect humain.

Mais comme toutes les facultés de l'âme se réduisent à sentir et penser, on ne peut donner de la sensibilité à qui n'en a que peu ou pas ; je ne fais aucune application, car cette lettre n'a qu'un seul but, c'est que justice éclaire votre raison, et que le calme de la réflexion vous fera, je pense, sentir. La vérité, tôt ou tard, sait se faire jour ; pour moi, ma vie est tout entière à mes souvenirs consciencieux : j'ai assez vécu.

Adieu, je fais des vœux pour votre santé et votre satisfaction.

Votre affectionné,   * * *

— Le ministre de la guerre a cru devoir faire cesser, dans le temps, les écrits des militaires dans les corps de l'armée. Était-ce son droit? on peut le supposer. A-t-il craint les abus? Mais en fait d'écrits politiques, il avait leur serment à leur rappeler. Il est vrai que les mots de *serment* et de *principe* sont tour-à-tour exploités et expliqués de bien des manières ; ne voit-on pas des *arrière-pensées* dans beaucoup de personnes employées qui tiennent la place d'hommes qui n'en auraient pas, et l'erreur de l'époque apporte dans les esprits un surcroît d'amour-propre et d'ambition impossible à satisfaire, qui fait aussi tomber dans le ridicule ; car vouloir, pour se faire valoir quand même, écrire sur l'art vétérinaire sans études profondes acquises par plusieurs années à l'École d'Alfort, et une longue expérience, c'est s'exposer à se faire moquer par tous les hommes de bon sens et ceux hautement versés dans la science. C'est comme si les officiers de l'armée s'avisaient d'écrire sur le choléra ; que diraient les officiers de santé des corps, et cependant, on doit, dans les différents grades, supposer aussi quelque mérite ; mais c'est parce qu'ils en ont qu'une semblable idée ne leur viendra jamais. Pour vouloir écrire sur la *Morve*, où tout a été dit et épuisé par des hommes éminents dans la science, il faudrait même plus que des études sérieuses et spéciales pour ne pas s'exposer à redire ce que tout le monde sait, car sortir de Saint-Cyr avec un cours sur l'hippiatrique légèrement esquissé, ne donne aucune autorité, et surtout lorsque l'élève, par son numéro et ses faibles études ne sort de l'École que pour être placé dans les régiments où il n'y a point de ruades à craindre.

— Que penser de la délicatesse des gens qui promettent, écrivent, signent leurs promesses, et agissent contrairement, si ce n'est l'indélicatesse même.

— La mort du général B*** tient du burlesque. On sait qu'il mourut à Bruxelles sur sa chaise percée,..... Mais comment qualifier son indigne capitulation du Caire, aussi déplorable que celle de Baylen ?...

—La vie me fait l'effet d'une barque que chacun dirige, non comme il veut, ni même comme il peut, mais suivant la volonté du sort, en attendant qu'on entre dans celle de Caron, qui se passe de la direction qu'on ne peut plus lui donner, et qui sait où vous conduire.

— Je n'ai personne, personne ne m'a : je souhaite qu'il en soit ainsi de votre indépendance.

— Le courage du colonel * * * à la guerre est celui du tempérament soutenu par l'honneur et la gloire; il est calme, téméraire, et parfois prudent à la fois, s'il le faut. (*Note militaire.*)

— « Seine macht meinem stolz, seine freundschaft mein gluck », disait un père. (« Son courage fait mon orgueil, son amitié mon bonheur. »)

—Les sentiments d'attachement et de dévoument désintéressé de mon Antigone, *Jeanne-Marie Rouppert,* orpheline d'un vieux et brave guerrier de l'empire, ne peuvent être douteux pour qui apprécie tant de rares et précieuses qualités, si rarement réunies dans la même personne. Sans égoïsme, je me demande souvent, car sa santé m'inquiète parfois, qui me soulagera dans mes misères, mes infirmités, et clora mes paupières!... J'attends, résigné, sans désespérer de la Providence, si grande! Je prie et recommande à ma bonne sœur Antonia de la protéger à mon décès; elle comprendra mes obligations et ma reconnaissance, puisqu'elle était l'Antigone de notre père vénéré sur la terre d'exil d'Amérique!

— Étourdis qui vous mariez, garez-vous d'une nombreuse famille en femme.

— Le général d'Elzons, tué en Russie, à Malo-Jaros-lawetz, était un ancien chef de bataillon de l'homérique campagne d'Egypte.

— Le général Caffarelli Dufalga commandait en Égypte l'arme du génie. Privé d'une jambe, qu'il avait perdue dans la campagne de 1795 sur le Rhin, il n'en combattit pas moins avec ardeur et dévouement.

— Le général Rigau, criblé de blessures, dont une, lui traversant la tête, l'a privé cinq ans de la parole ; il a fallu quinze ans pour la guérir ; il a continué toutes les guerres de la république et de l'empire.

— Le général Loïson, privé d'un bras, fit intrépidement les campagnes d'Espagne et de Portugal.

— Que Dieu préserve certaines personnes d'être louées ou approuvées par certaines gens.

— Revenu des chimères de l'amitié, détaché de tout ce qui fait aimer la vie, j'en vois approcher la fin avec empressement et nulle crainte.

— Si c'est un malheur de se tromper sur le choix de ses amis, c'en est un autre non moins cruel de revenir sur une erreur si douce.

— On voit la prospérité constante de certaines personnes sans voir leur mérite. Ainsi, si la Légion-d'Honneur offre parfois de singulières nominations, la Chambre des Pairs n'en présente pas moins de plus ridicules.

— La courtisane Ida Saint-Edme, dite *Contemporaine*, est morte le 22 mai 1843, à Bruxelles, à l'âge de soixante-dix-huit ans. C'est dans une maison de charité que cette brillante extravagante du Consulat et de l'Empire a fini ses jours.

— Qui n'a fait l'application qu'à Dresde l'Empereur rappelait Agamemnon au milieu des rois de la Grèce.

— L'institution de l'Ordre de la Légion-d'Honneur fut créée le 29 mai 1802. Deux ans après, la fête d'inauguration fut célébrée à l'hôtel des Invalides. Les soldats mutilés de la république reçurent la décoration des mains de l'Empereur. Glorieuse époque!

— Les sublimes campagnes d'Italie, sous le commandement de Bonaparte, datent du 20 mars 1796.

— L'*imprenable* Mantoue capitula le 2 février.

— Le traité de Campo-Formio fut signé le 17 octobre 1792, ratifié par l'empereur d'Autriche, et remis au Directoire par le général en chef au Luxembourg, le 10 novembre 1797.

— La flotte pour l'Égypte appareilla le 19 mai 1798.

— La célèbre bataille de Marengo eut lieu le 14 juin 1800.

— Le 23 mai 1809, celle de la bataille d'Esling contre les Autrichiens, où le maréchal Lannes eut les deux jambes horriblement mutilées par un boulet de canon. La fatalité voulut que le maréchal, pour se reposer un moment, mît pied à terre dans un ravin, et c'est assis sur un tronc d'arbre qu'il fut frappé.

C'est à cette bataille que le général Walther, voyant l'Empereur trop s'exposer, lui dit, dans un moment de péril imminent : « Sire, retirez-vous, ou je vous fais enlever par mes grenadiers. »

— Le 6 juillet 1809, la bataille de Wagram, d'une immense gloire, eut pour résultat la paix précédée d'un armistice signé le 11 juillet : le général Lassalle y fut tué. Les généraux Oudinot, Macdonald reçurent le bâton de maréchal, ainsi que le duc de Raguse...

— On aime à entendre ces paroles de l'Empereur à son ami : « Duroc, lui dit Napoléon, il est une autre vie ; c'est là que vous irez m'attendre, et que nous nous rejoindrons un jour !... » — « Oui, Sire ; mais ce sera dans trente ans, lorsque vous aurez triomphé des ennemis de la France, et réalisé les espérances de notre patrie. »

La gloire et l'amitié faisaient une double illusion à l'auteur de cette touchante réponse.

— Trois millions cinq cent soixante-dix-sept mille huit

cent quatre-vingt cinq citoyens votèrent librement pour le consulat à vie de Bonaparte, et trois millions trois cent soixante-huit mille deux cent cinquante-neuf se prononcèrent pour l'affirmative.

L'histoire n'offre pas d'élection plus remarquable.

— Le général Dupont, sans que l'on puisse s'en rendre compte, démentit ses exploits, sa gloire, son caractère, par sa capitulation de Baylen, qui fut violée, et des milliers de nos soldats furent entassés sur les homicides pontons de l'Angleterre (si perfide dans sa fausse philantropie). Ce général habile, aux sentimens généreux, instruit, capable, recommandé par d'importants services, commit alors une faute impardonnable, que l'on peut qualifier plus sévèrement. Ce fut un chagrin pour mon père, dont l'amitié s'agrandissait au malheur de ses amis.

La bataille de Médina, où quatorze mille de nos soldats dispersèrent cinquante mille Espagnols, vengea, sans le réparer, l'échec de Baylen : l'effet moral était produit.

Le maréchal Bessières fit oublier par ses belles manœuvres, les fautes du général Dupont, qui lui était cependant bien supérieur par le talent et la renommée.

Dupont était l'un des généraux de l'empire auxquels était destiné le bâton de maréchal, que, jusque-là, il avait bien mérité ; mais alors il fallait plus que mériter, pour espérer une récompense nationale.

— Laiser parfois sommeiller l'esprit est une volupté.

— La bouche qui nous parle n'est pas toujours une bouche amie.

— On dit que la corruption envahit tout aujourd'hui : Où donc peut être réfugiée la probité ? On la cherche vainement, ou plutôt on fait semblant de la vouloir trouver.

— La loi condamne souvent pour le principe, pour l'ordre et la règle ; mais la société, en respectant ses arrêts, sait juger de quel côté est la délicatesse d'une cause. Ainsi M. L.... vient d'être condamné à payer une somme qu'il n'avait pas empruntée : de quel côté se trouve l'indélicate iniquité, malgré la loi.

— L'Empereur Napoléon n'aquit le 15 août 1769 à Ajaccio, dans l'île de Corse, réunie à la France en 1768.

Il est sorti de l'École militaire sous-lieutenant d'artillerie en 1785 ; nommé capitaine en 1789, il commença à se faire connaître en 1792 ; chef d'escadron d'artillerie au siége de Toulon en 1793, à vingt-quatre ans ; commandant d'artillerie en Italie en 1794, à vingt-cinq ans ; général en chef de l'armée d'Italie en 1797, à vingt-huit ans ; général en chef de l'expédition d'Égypte en 1798, à vingt-neuf ans ; premier consul en 1799, à trente ans ; consul à vie après Marengo en 1800, à trente et un ans ; Empereur des Français en 1804, à trente-cinq ans ; abdiquant, pour la deuxième fois, après nos désastres, en 1815, à l'âge de quarante-six ans ; mort en exil à Sainte-Hélène, le 5 mai 1821, à cinquante-deux ans, plus grand, plus imposant qu'au sommet de sa haute et puissante gloire.

— A son arrivée de l'île d'Elbe en France, Napoléon, dit au général Cambrone : « Nous allons à Paris ; ce sera notre plus belle campagne ; nous ne tirerons pas un coup de fusil. » Mot admirable, et qui devint sublime, car l'effet suivit les paroles.

— Qui ne lira avec émotion les vers suivants de M. Arnault, que les vicissitudes de sa vie errante et ses propres malheurs, occasionnés par ceux de notre patrie, avaient placé dans une situation analogue à celle de mon père, si infortuné !

> De ta tige détachée,
> Pauvre feuille desséchée,
> Où va-tu ?... — Je n'en sais rien.
> L'orage a brisé le chêne.

Qui seul était mon soutien (1) ;

De son inconstante haleine

Le zéphir ou l'aquilon,

Depuis ce jour, me promène

De la forêt à la plaine,

De la montagne au vallon ;

Je vais où le vent me mène,

Sans me plaindre et m'effrayer,

Je vais où va toute chose ;

Où va la feuille de rose

Et la feuille du laurier.

En cessant de rénumérer mes souvenirs, puis-je oublier l'Impératrice Joséphine, modèle de grâce, d'aménité, de douceur ; bonne, sensible, généreuse, libérale, c'était la bienfaisance assise sur le trône, à côté du génie ; sa beauté, ses manières séduisantes et des qualités précieuses en faisaient une femme accomplie. On est heureux de trouver encore un beau caractère dans celui de Catherine, fille du roi de Wurtemberg, épouse du roi Jérôme, dont on voulait briser les liens ; elle s'y refusa. Quel contraste avec la fille des Césars, Marie-Louise, qui n'a pas rougi de honte de se prostituer,

---

(1) La patrie.

Napoléon encore vivant, à un comte de Neyperg : aussi le mépris public sera le manteau de sa vie. Portons vite nos regards sur un grand caractère, un grand courage, une âme forte et élevée, sur Madame mère ; jamais la fortune ne s'est montrée dans ses contraires les plus opposés ; mais les grandeurs ne l'éblouirent jamais, et ne se laissa abattre sous les atteintes de malheurs hors de toute assimilation pour le cœur d'une mère. Elle sut, pour elle, s'accoutumer des positions que pouvait lui réserver le sort. Comme l'Empereur, on ne l'entendit jamais se plaindre ; jamais, comme lui, aucun reproche, aucun ressentiment, aucune récrimination ne sortit de sa bouche ; à Rome, où elle s'était retirée, elle força aux hommages personnels ceux-là mêmes qui s'étaient peut être réjouis de la chute de son fils et de sa famille.

On rapporte qu'un jour le pape Léon XII cherchait à lui donner des consolations sur les vicissitudes de sa vie : « Dieu seul est immuable, répondit-elle au pontife ; il avait été trop prodigue envers moi ; ce qu'il m'avait donné, il me l'a ôté : que sa volonté soit faite !... Je ne plains que mes pauvres enfants ; combien ils ont dû souffrir ! »...

Cette sublime résignation étonna le pape Léon, qui la déclara digne de la vénération de tous les princes de la terre. A dater de ses malheurs, si héroïquement supportés, la considération qui s'attachait à Madame mère s'augmenta toujours; et certains ambassadeurs, quoiqu'ils eussent, ainsi que leur maître, toute honte bue, cessèrent d'essayer de troubler les dernières années de sa vie.

Jamais elle ne voulut comprendre les insinuations qu'on lui adressait pour substituer aux armes impériales, qui faisaient encore peur, qu'elle portait dans leur intégrité, les siennes propres, ou celles de son mari. « Toute l'Europe, disait-elle, s'est pendant dix ans, prosternée en tremblant devant ce blason; les rois s'y sont accoutumés; renoncer à son écusson pour un motif terrestre est d'un ambitieux ou d'un lâche. »

Elle est morte à Rome, à quatre-vingt-huit ans, en 1836. En France, elle ne fit que du bien; mais ne voulant exercer aucune influence sur les affaires, elle ne chercha jamais à avoir ce que l'on appelle du crédit; aimée comme elle l'était de son fils, Napoléon eût saisi avec empressement les occasions de lui prouver sa tendresse; mais elle ne s'employa que pour faire prospérer les établissements religieux et de charité dans les bornes de justice et de haute raison; en un mot la méchanceté s'est vue réduite à la respecter et l'honorer.

Lorsque l'empereur d'Autriche François II, son beau-père, qui en était à sa *quatrième* femme, eut signé l'acte qui faisait de sa fille, l'archiduchesse Marie-Louise, non la femme, mais la concubine de Napoléon, Madame mère s'écria : « Nous voilà bien vengés de la maison d'Autriche ! car je ne me serais jamais imaginé que, quand on donna Marie-Louise à mon fils, on avait voulu en faire, non sa femme légitime, mais sa maîtresse ; l'orgueil mal entendu est un bien indigne et coupable conseiller. »

Elle dit une autrefois : « Quoique l'on fasse, mon petit-fils ne portera jamais un plus beau nom que celui de son père ; le titre de duc de Reichstadt est mal sonnant et sourd ; celui de *Bonaparte* retentira toujours aux quatre parties du monde, et les échos de la France le porteront au bout de l'univers pour le répéter encore et toujours. »

Lorsqu'elle apprit la mort prématurée de ce jeune et malheureux prince, elle leva les yeux vers le ciel, se signa deux fois, et dit : « Cette façon de perdre mon fils m'est peut-être encore plus cruelle que la première. » Et parlant de l'insensibilité de Marie-Louise, elle ajouta : « L'existence de ce bâtard devait lui peser, lorsqu'elle songeait à l'existence future des enfants qu'elle a eus de son légitime mariage avec le comte Neyperg. »

A l'assassinat du héros Murat, elle dit : « S'il n'avait pas trahi l'Empereur, j'aurais des larmes à lui donner ; mais je gémis sur ma fille et ses enfants. »

On sait qu'elle dit un jour au cardinal Maury, qui la

louait avec exagération : « Monsieur le cardinal, à entendre ce que vous me dites aujourd'hui, que vous restera-t-il demain pour continuer sur le même ton » ? Elle répétait quelquefois : « Flatterie est moquerie. »

Cette femme fut grande, avait du cœur et de l'âme ; elle comprenait qu'elle était la mère de l'Empereur Napoléon, et d'un grand homme ; elle fut appréciée dans ses dernières années, comme elle aurait dû l'être dans tout le cours de sa longue et belle vie ; car son caractère tenait des beaux types de l'antiquité ; et pour lui trouver une comparaison, il faudrait compulser et remonter dans l'histoire jusqu'à la mère des Gracques.

La princesse Amélie, fille du roi de Bavière, épouse du vice-roi d'Italie, pouvait avoir, à l'époque de 1813, vingt-trois ans ; la beauté de sa physionomie, l'élégance de sa taille, la majesté de son maintien et de sa bonne tenue, annonçaient sa bonne éducation et la sérénité de son cœur : franche, spirituelle, simple, elle fuyait le monde dont elle faisait le plus bel ornement, ne se trouvant heureuse qu'avec son mari et ses enfants, qui idolâtraient leur père et leur mère : elle était un miracle de bonté, de tendresse conjugale et maternelle.

Le prince Eugène, son mari, l'homme le plus pur, a donné un exemple aux rois ; caractère héroïque, était l'honneur personnifié ; son portrait moral est tout entier dans la lettre ci-jointe, qu'il écrivit au roi de Bavière, son beau-père :

2 Décembre 1813.

« Sire et chère père,

» Votre Majesté m'a comblé de biens par le don qu'elle m'a fait de son auguste fille, ma chère Amélie ; par elle, je suis devenu le fils de Votre Majesté ; elle me porte à vous chérir comme un troisième père, car l'Empereur Napoléon est le second à mes yeux.

» Sire, pourquoi voulez-vous atténuer tant de bienfaits ? Pourquoi voulez-vous me placer entre la déférence que je dois aux désirs de Votre Majesté, et ce que me commande l'honneur ? Une époque s'avance peut-être où il ne me restera d'autre avantage que cet honneur. S'il était compromis, comment justifierais-je le choix que vous avez fait de moi pour gendre ?... Mon honneur, c'est ma vie, c'est mon bien ; c'est ce qui me rend digne de votre fille. Dans quel abîme ne tomberai-je pas, si tout-à-coup je passais aux rangs des ennemis de l'Empereur !

» Vous êtes roi, Sire, et à ce titre les intérêts de vos peuples peuvent vous imposer de douloureux sacrifices ; nul ne peut blâmer votre conduite ; elle est dans l'intérêt de la nation que vous gouvernez si paternellement.

» Je suis, moi, sujet, fils et agent ; comme sujet, ma

trahison serait criminelle ; comme fils, elle serait parri-
cide ; comme agent, si je viole le mandat de mon chef,
je me souille d'infamie : quel manteau royal cacherait
une tache pareille?

» Si, admis dans le collège des rois, un sceptre m'est
confié, je veux le recevoir avec des mains pures ; si l'on
me fait descendre d'un droit qui m'est garanti, je veux
du moins sauver ma loyauté du naufrage, et emporter
dans ma retraite l'estime du monde et la votre, Sire.

» Je crois donc que j'aurai l'assentiment de Votre
Majesté.

» Je suis, Sire,

De Votre Majesté, etc.

» *Signé* Eugène NAPOLÉON. »

On retrouve les mêmes sentiments d'honneur, d'abnégation, et de la délicatesse du devoir dans la lettre qu'il
écrivit à son oncle le roi de Naples ; elle est aussi sublime que celle au roi de Bavière ; mais le prince savait
qu'il avait traité, et était en négociation avec l'Angleterre. Il avait donc plus que des doutes sur sa fidélité ;
mais le malheur de notre Achille commande de laisser
ses cendres en repos.

A cette lettre sublime, je pourrais ajouter aussi, pour
le mieux faire connaître, s'il en était besoin, celle qu'il

écrivit à sa sœur chérie, la reine Hortense, au sujet du divorce de sa mère. Quelle effusion de tendresse ! quelle sublime raison, quelle sage réponse à l'Empereur, à l'entrevue qu'ils eurent à son arrivée d'Italie ; interpelé par Napoléon de répondre, il dit : « Sire, un fils, quel qu'il soit, ne peut lever un regard hardi sur les actions de son père ; toujours soumis et respectueux, il se courbe et se tait. »

Cela rappelle ces vers de Voltaire :

Un fils ne peut s'armer contre un coupable père ;
Le révérer, le plaindre, est tout ce qu'il peut faire.

« L'héroïsme du vice-roi est sans modèle », disait l'Empereur. On ne peut effectivement rien ajouter à tant de vertus. « Je me tais, disait le prince Eugène, mon père a parlé ; moi, son fils, je dois me taire et me soumettre avec respect. » Cette scène fut sublime ; elle les honore tous les deux ; rien de si grand, de si noble n'apparut dans tous les siècles : utile leçon pour les familles et les enfants ingrats !

Je n'ai point encore parlé de la reine Hortense, remplie de grâce, avec sa charmante et ravissante figure ; on sait qu'elle était en même temps la reine des arts, qu'elle protégeait, qu'elle cultivait et aimait, avec succès ; avec une voix délicieuse et un goût rare ; touchant du piano, jouant de la harpe, composant des romances, paroles, musique et accompagnement ; mais qui ne se rappelle la romance *Partant pour la Syrie,* que le bon goût conservera ; elle peignait avec charme : ses dessins, ses paysages, ses compositions étaient remplis d'esprit et d'une gracieuse originalité ; enfin ses talents eussent pu lui suffire, et prouvaient que son éducation avait été des plus complètes.

La reine d'Espagne, Julie, femme de Joseph, si délicieusement bonne, et toujours charitable, commandait le plus profond respect, et aujourd'hui les plus profonds regrets ; elle vient de mourir à Florence, où sa perte est douloureusement sentie : sa vertu pieuse souffrait de la magnificence à laquelle son nom l'obligeait.

La princesse Élisa était la moins bien des sœurs de Napoléon ; c'était cependant celle qui lui ressemblait le plus par la figure.

Le portrait que je me suis plu à tracer d'une famille qui commande la plus haute estime et la plus haute vénération du monde, est loin d'être achevé ; mais qui n'a rendu justice à ses frères, dont on n'approchait jamais sans admirer leur caractère, leur bonté et leurs vertus ? la postérité s'honorera d'en perpétuer le souvenir.

Ici, je prends congé du lecteur, en regrettant de ne

l'avoir pas intéressé autant que je l'eusse désiré, et d'avoir ainsi disposé d'un temps qu'il eût pu mieux employer, mais j'écris, je l'ai dit en commençant, ces Souvenirs pour quelques amis indulgents, seul héritage dans mes misères, que je puisse laisser, richesse préférable pour certaines âmes...

J'ai évité autant que possible de parler de moi; je ne l'ai fait que lorsque cela était nécessaire; j'aurais pu relater des épisodes plus ou moins dramatiques, mais où je me serais trouvé seul en scène. Que l'on sache seulement bien que, ainsi que J.-J. Rousseau dans ses *Confessions,* je puis me mettre à nu, moins ses fautes graves, ses paradoxes et son génie, mais crois que la sensibilité de mon âme répond à la sienne, sans faire mon apologie.

J'ai fait le plus de bien possible dans ma carrière et dans mes commandements, et le plus d'heureux possibles; mais, par contre, beaucoup d'ingrats, qui seraient fort humiliés, si j'ouvrais au public une caisse qui contient leur correspondance et celle de leur famille.

J'ai rendu avec empressement des services, non-seulement à des amis, mais à des personnes avec lesquelles j'avais des relations peu intimes, et que quelquefois je savais m'être contraires, ou que je ne connaissais même pas : c'est assez prouver mon abnégation. La plus noire ingratitude m'a puni de ma générosité; mais je suis prêt,

si c'est une faute, à y retomber encore ; j'ai entièrement
dispensé de mémoire celui que j'obligeais, faisant le
bien pour le bien de moi-même. Je connais des gens,
que je ne veux qualifier, à qui j'ai rendu des services, et
que cela a fait mes ennemis, ou n'a pas empêché de chercher à me nuire. Je préfère qu'il en soit ainsi, et je suis
plus paisible en me sachant victime de leurs méchan-
cetés, que si je savais quelqu'un victime de moi.

On doit s'estimer heureux, après avoir accompli dignement sa carrière, de vivre loin du monde ; qui ne sait
que le malheur éloigne ceux qui se disaient vos amis :
cela doit si peu surprendre, que l'on ne conserve pas
même l'affection des siens ou de ses enfants, à moins
d'avoir de la fortune à leur laisser. Cela commande alors
un semblant d'affection et de dévouement ; car tous ne
comprennent pas les vertus qui doivent les lier à leurs
père et mère. Il n'y a que la continuation du bonheur
qui fixe la plupart des liens d'amitié ; mais « on ne jette,
(dit un proverbe arabe), de pierres qu'aux arbres chargés de fruits d'or. » Où serait d'ailleurs, dans ce siècle
d'égoïsme, le mérite de la reconnaissance, si ce n'était
pas une rareté? Les hommes croient facilement les choses
qui ont de l'affinité avec leurs passions, et repoussent
celles qui devraient éclairer leur raison et leur justice ;

mais on ne peut donner du cœur et de l'âme à qui n'en a pas, et sans lesquels on ne peut répondre à celles des autres.

Voyager, remplir sa vie par 17 campagnes et près de 40 ans de services, c'est résumer une longue carrière employée à servir la patrie. C'est en même temps un des plus forts exercices que l'homme guerrier puisse donner à son cœur comme à sa pensée. Le guerrier de l'empire, le philosophe, l'homme politique, le poëte ont vu bien des nations et des climats ; et voyager ainsi en changeant d'horison physique et moral, c'est renouveler, agrandir la pensée, en un mot, c'est centupler la vie ; voyager, c'est aussi la philosophie qui marche. On devrait bien à ce titre faire visiter le monde aux gouvernants stationnaires, ennemis du progrès.

Je n'ai point cru devoir parler des mécomptes, des déceptions, des injustices ni de mes malheurs. On n'ignore point que je ne connus des joies de la famille que les revers de l'existence et de l'ingratitude, et depuis plus d'une année, une maladie mentale sépare de son mari et de ses nombreux amis une femme d'une grande et gracieuse intelligence ; ceux qui l'ont connue n'oublieront pas le charme de son enjouement, son dévouement à ses amis, qui fut toujours un besoin de son cœur.

Lecteur, donne lui un regret bien mérité.

J'ai respecté dans cet écrit une vulgarité décrépite qui a pourtant force de principe, et que je comprends :

« Toute vérité n'est pas bonne à dire. »

Aussi me suis-je beaucoup abstenu ; j'aurais pu dévoiler bien des hypocrisies, montrer aujourd'hui des courtisans de la cour qui se disent républicains ou légitimistes, lorsqu'ils en sont séparés un moment, exciter et piquer par là la maligne curiosité ; mais pour qui me connaît ou me lira avec attention, comprendra que ce ne pouvait être mon but ni mon caractère. Je laisse à chacun à supporter ses faiblesses ; qui les blâme dans les autres n'en est pas exempt pour cela ; et comme les émotions les plus douces de m'a vie m'ont été causées par la bienveillance que j'ai goûtée, il ne peut me convenir de les échanger dans le scandale : il faut savoir pardonner aux méchants, mais les fuir.

Enfin, après avoir eu les mécomptes d'un esprit conciliant et d'un cœur ami du bien, je quitte le monde sans regret et sans peine, si ce n'est celle que donne la séparation de quelques personnes estimables qui me témoignent quelque sympathie ; je m'occuperai dans ma retraite d'un peu d'agriculture et de métaphysique, où l'on peut encore être trompé : ce ne sera plus désormais par la perversité.

Depuis longtemps j'ai renoncé à tout, hors la tranquillité, que je veux me procurer ; ce n'est pas une grande ambition, mais que je saurai apprécier si la méchanceté se lasse de me tourmenter. Je crois avoir conquis le repos ; je le demande jusqu'à l'oubli, et dispense à mes funérailles d'hypocrites regrets, même ceux de....... famille.

Dans la nuit du tombeau je suis prêt à descendre.

Adieu ; ma vie n'est plus de ce monde ; elle est tout entière à nos souvenirs de gloire immense, à la mémoire de l'Empereur, qui fut grand, et supporta avec plus de grandeur encore l'adversité.

Racine l'a dit :

La guerre a ses faveurs, ainsi que ses disgrâces.

Au moment où je termine cet écrit, un chagrin de plus assombrit ma vie, déjà assez douloureuse, par la perte de mon plus vieil ami, celui qui se plaisait à dire à ses amis qu'il m'appréciait depuis l'âge de sept ans.

Ainsi s'exprime ma peine sur sa tombe :

Hommage de sincères regrets, de haute estime de sa famille
et de ses nombreux amis.

ICI

REPOSE EN PAIX

ANTOINE-ALEXANDRE MAILLARD

MORT A 75 ANS.

HOMME DE BIEN ET MODESTE

IL MONTRA PENDANT TRENTE ANS AU GÉNÉRAL RIGAU

DONT IL ÉTAIT L'AMI

UN DÉVOUEMENT RARE ET DÉSINTÉRESSÉ.

IL ÉPUISA SA VIE A SA MAUVAISE FORTUNE.

ADIEU AMI.

TOI QUI NE CONNUS NI L'ORGUEIL NI LA VANITÉ

QUE TON AME NOUS GUIDE ET NOUS CONSOLE.

Qui que tu sois qui me lis, si cet éternel adieu te touche, porte tes pas au cimetière Montmartre ; tu trouveras cette tombe d'un parfait honnête homme, 26e division, 5e ligne, fosse 39.

EXTRAIT

de

MON TESTAMENT PHILOSOPHIQUE ET CHRÉTIEN

ou

ADIEUX AU MONDE ET A LA VIE.

Charité.   **Sagesse.**

Dieu, aimer, croître et travailler.

Doit-on attendre ses derniers moments pour écrire sa pensée, ou ce que l'on appelle son testament, je ne le pense pas; mais pour tester, dira-t-on, il faut avoir à donner : eh bien! à défaut d'or à laisser à ceux qui sacrifient au veau d'or, je laisserai ma bonne volonté. J'adresse pour lors à quelques parents, qui furent pour moi bons, ainsi qu'à mes amis, cet acte écrit de reconnaissance, genre de richesse assez rare, d'une autre nature.

Je meurs, comme chrétien, dans la religion catholique, apostolique et romaine, non en dévot stupide, mais dans celle de mes pères, dans celle enfin où, sans avoir pu être *consulté*, j'ai été baptisé et aussi marié.

On m'objectera que l'on ne m'a jamais vu prier et

marmotter ostensiblement ; il faut bien l'avouer, n'ayant jamais pratiqué usuellement les usages ou cérémonies de l'église ; mais j'ai observé dans l'amour de mon prochain la morale évangélique, et pourtant personne peut-être n'a prié plus que moi ; car je n'ai pu éprouver une sensation, un sentiment fort dans l'âme ou le cœur, sans qu'il ne tende à l'infini aussitôt, sans qu'il ne se résolve, pour ainsi dire, en une hymne ou une invocation interne à celui qui est la fin de tous nos sentiments, à celui-là même qui les produit et qui les absorbe tous, à Dieu enfin, au grand architecte de l'univers.

Tout ce qui est, tout ce qui fut grand, beau, bon, les calamités, les grandeurs du ciel et de la terre, le malheur des autres, en un mot, toutes les infortunes m'ont produit chaque fois les impressions qui se renouvellent toujours et provoquent inaperçues mes invocations intimes au Dieu immense de grandeur que toute la nature visible atteste, et que mon imagination retrouve encore dans les immensités qui nous sont inconnues, et qui font peut-être de notre monde un grain de sable dans l'universalité. Ma croyance religieuse, il est vrai, est sans accompagnement de l'enfer et du purgatoire, ni des saints, ni des saintes, encore moins des jésuites, auxquels je dis arrière plus que jamais. Intérieurement religieux, je ne m'attache pas à la forme positive et m'humilie devant une cause première de toutes choses indéfinissables, considérées comme point de vue morale. Jésus-Christ est pour moi le premier apôtre ou l'inspiré de Dieu : c'est le Mahomet, enfin, de la religion catholique. Je ne comprends pas un Dieu en trois personnes, qui font de ces mystères une mythologie.

Je suis souvent entré dans une église avec l'espoir d'y puiser quelques sentiments de piété ; mais cela ne m'a pas réussi comme je l'aurais désiré ; et cependant je ne puis assister à la cérémonie d'un baptême, d'un mariage, ou à des cérémonies funèbres, sans que je ne sois ému, et que mes larmes coulent, sans vouloir tenir compte de celles étouffées journellement, que la maligne dureté tournerait en ridicule ou en moquerie amère. Le culte intérieur d'une église parle moins à mes sens que le vaste spectacle de la nature, qui m'inspire des idées à la fois grandes et pieuses par les plus magnifiques images, soit par le lever ou le coucher du soleil, par le bruit du tonnerre et les flots majestueux de la mer, par les formes terribles ou majestueuses des rochers ou des montagnes, d'où l'on voit le monde à ses pieds. C'est ainsi sans doute, et j'aime à me le figurer, que Dieu voit le monde infini dans toute son étendue, et dont le Righi de la Suisse donne à l'homme une faible idée, malgré son imposant spectacle : là je sens le besoin de me prosterner.

Je ne pense pas passer pour un fanatique d'incrédulité et pouvoir être accusé de nier l'existence de Dieu pour douter de l'immortalité, qui n'est autre que la vie, et qui elle-même n'est qu'un souffle et un secret pour tous. Je ne saurais trop le répéter, je crois en Dieu, mais à un Dieu supérieur et meilleur, nullement fait à l'image humaine, ainsi qu'on nous le représente. C'est notre peu d'importance, celle de notre monde comparé à l'immensité dont il n'est qu'un faible atome, qui me conduit à penser et croire profondément que nos prétentions à l'immortalité sont orgueilleuses et exagérées.

J'ai vu de près les grandeurs des puissances de la terre ; guerrier, j'ai assisté et participé à une gloire immense, j'ai vu la vanité et l'orgueil rechercher, au déclin de la vie et des déceptions qu'amènent les années, des joujoux, des hochets pour parer ses habits, pardonnable au jeune âge, et sans services rendus à la patrie, si ce n'est par une biographie souvent menteuse ; car la faiblesse de l'homme est si grande à cet égard, qu'ayant passé sa vie sans avoir été utile à son prochain ; devenu riche avec le temps, cela ne peut plus lui suffire, il recherche alors les honneurs, les décorations, ou la députation, la pairie, par sentiment d'orgueil ; car il sent sa nullité, et croit par là la dissimuler aux autres, lorsqu'il pourrait employer sa fortune indépendante à soulager le malheur ; mais comme le bien que l'on fait n'a de prix que par le mystére, qu'une âme bien née y apporte, la vanité de l'homme ne peut s'en satisfaire ; mais qu'aujourd'hui l'on établisse un ordre qui flatte l'orgueilleuse humanité, c'est à qui voudra porter le signe de sa générosité ; il se ferait prodigue plutôt, afin de passer pour plus philanthrope qu'un autre. Le sage Kosciuszko, mort à Soleure, le 15 octobre 1817, disait en parlant des hommes vains : « Ils oublieraient plutôt leurs habits que leurs rubans et leurs croix. »

Parlerai-je des faiblesses de la femme ? mais l'homme, qui se croit plus fort, lui montre chaque jour de nouvelles contradictions. La veuve, qui se réjouit souvent de son veuvage en le dissimulant, après avoir dit adorer son mari ou son ami, semble goûter son indépendance, ses richesses et la considération d'un nom..... Mais hélas ! bientôt..... elle change, elle prouve qu'il faut plus que tout cela..... c'est.... un homme trop heureux, quand la pudeur l'empêche de convoler à un troisième, à un quatrième hymen.

J'ai vu les efforts des uns pour amasser des richesses ; j'ai pu voir bien des faiblesses humaines, mais j'ai pu aussi admirer des merveilles. Arrivé aujourd'hui à la première époque de l'agonie, que l'on appelle vieillesse, désabusé par toutes les déceptions de la vie, je ne sens

qu'une vérité au-dedans de moi, c'est Dieu, et de certitude dans notre société corrompue que la mort et les
impôts. Mais Dieu, ainsi que je le crois et me l'explique, ce Dieu n'est pas celui de nos prêtres ; le mien,
que je pense être celui de toute la terre et de tous les
cultes, est meilleur, car il est infini dans sa bonté, dans
sa patience ; sans colère, sans fureur, sans purgatoire ni
enfer ; il pardonne aussi à la femme adultère, mais
n'exige point un culte de minutieuses cérémonies ; il
est indulgent parce qu'il sait que l'homme se doit au travail, ne serait-ce que pour trouver sa nourriture et celle
de sa famille. Il a produit l'homme je ne sais comment,
sans caste, sans distinction, sans préférence : l'homme
orgueilleux a gâté son ouvrage en établissant une supré-
matie sur ses semblables ; Dieu l'a créé nu, et l'homme,
non content de se vêtir, plus frivole, plus enfant que l'a-
dolescent qui entre en puberté, a voulu, dans un âge
même avancé, se couvrir d'habits somptueux et de rubans, s'étudiant à s'efféminer et se rendre la fable des
sages, pour se croire quelque chose de plus que son semblable, comme si la qualité d'homme ne devait pas lui
suffire, et n'était pas la plus belle dignité. En Espagne,
malgré l'influence du clergé, cette dignité est comprise ;
car, là, veut-on appeler ou interpeler quelqu'un, on
entend retentir le mot *hombré !* Cette vérité que l'homme

se doit au travail par l'instinct de sa conservation, appartient aussi au principe général : à soixante ans, l'amour prend une autre teinte ; elle est moins vive que dans la jeunesse ; mais si le cœur se ride, il conserve pourtant de sa chaleur pour aimer ce qui est bon et aimable, et cette chaleur ne s'éteint qu'avec la vie. L'homme jeune aime tout ; le vieillard ceux qui l'aiment ou vénèrent ses vieux ans. On voit partout, dans les champs, dans les eaux, dans les airs, les espèces semblables s'affectionner et se rechercher. L'homme aussi a besoin de son semblable ; mais de l'homme ami surtout, il en a besoin pour les affections douces, ainsi que pour l'aider dans ses misères et ses travaux, car l'homme, quoique vain et orgueilleux, est souvent humilié ; il ne peut se suffire ni tout faire par lui-même ; la sagesse de Dieu a voulu qu'il eût besoin, et aimât son prochain avec tolérance, plaignît un coupable et ses faiblesses ; et cependant sa vanité lui fait oublier son origine ; il est toujours tenté de se croire supérieur à autrui ; il s'étourdit sur la mort, qu'il craint, et la redoute sans comprendre que c'est le plus grand bienfait de la grandeur divine ; car rien ne pouvant durer, santé, fortune, bonheur, souffrance et misère, il devait y soustraire l'homme en le faisant entrer dans le repos de l'éternité pour abréger tous ses maux :

Malheur à qui les dieux accordent de longs jours !
Consumé de douleurs, vers la fin de leurs jours
Ils voient dans le tombeau leurs amis disparaître,
Et les êtres qu'ils aiment arrachés à leur être.

L'homme heureux, riche et puissant, se voile cette vérité, mais le malheureux accablé de maux comprend ce bienfait ; et comme il faut pour le suicide un grand détachement de la vie, ou une grande faiblesse de caractère, le sage, dans ses maux attend, ainsi que le chrétien, la dernière volonté de Dieu à son égard. Appelé sur cette terre sans savoir pourquoi, comment il y vit, pourquoi il la quitte, il s'humilie, et ici son orgueil est obligé de fléchir encore sans le corriger, car les rois, les riches et les pauvres se confondent un jour, et six pieds de terre finissent par égaliser tous les rangs, et les confondre dans la poussière.

Mais pour Dieu comme pour le sage, il n'y a dans le monde que deux classes distinctes, les *bons* et les *méchants :*

Chaque homme a ses défauts, mais deux défauts contraires
Distinguent les humains par deux grands caractères :
Le *bon* a ses défauts qui ne font tort qu'à lui,
Les défauts des *méchants* sont mortels pour autrui.

Je trouve un principe, Dieu ; aussi, dans le respect et l'amour des enfants envers leurs père et mère, si toutefois ils ont du cœur et de l'âme, et que l'amour-propre et l'égoïsme chez eux, n'étouffent pas le sentiment du devoir et de la nature, instinct si vif chez les animaux, qu'il fait parfois rougir l'humanité, si affligeante dans ses perversités. Je le trouve dans l'amour, car aimer sa femme, ses enfants, son prochain est la loi du christianisme, et c'est toute la loi, car croître et multiplier en sont les effets dans l'homme comme dans les espèces dont nous nous séparons beaucoup trop ; étudiez leurs mœurs, leur nature intelligente, ainsi que leur squelette ; étudiez avec soin les premiers développements de leur organisation et de la nôtre, vous sentirez avec quel soin toute cette nature condamnée à la mort, et qui en a le pressentiment, met tout en œuvre pour maintenir la vie, la transmettre et la propager.

Le législateur Jésus-Christ a dit : *Vous aimerez Dieu de tout votre cœur, de toutes vos forces, et votre prochain comme vous-même.* Ailleurs, cette loi d'amour recommandée par lui, l'est par les évêques, ou ses apôtres et disciples : *Avec cette seule chose vous avez tout, sans elle vous n'avez rien. Aimez,* dit-il, *et faites ce que vous voudrez.* Ceci doit s'entendre de la liberté sans le mal ; et l'homme qui aime est bon, ne fait point de mal. Ainsi une religion d'amour et de liberté peut n'être pas le christianisme de certaines personnes, mais c'est le mien, et c'était certainement celui de Jésus-Christ ; il démontra cet amour par sa mort, dévouement héroïque de philosophie et de charité, que la fiction aurait dû inventer, si ce n'était consacré comme preuve et devoir de l'homme pour son semblable ; mort qui annonce à l'homme qu'il doit se dévouer à son prochain. Alors les armées à baïonnettes n'existaient pas, argument obligé des rois de la terre, aujourd'hui, pour faire prédominer leur volonté. Les congrégations et les processions de l'époque appelée *restauration* ont eu cela de bon, dans leur côté ridicule et leur exagération, que bien des gens sont restés chrétiens sans vouloir être dévots de cette manière. On n'ignore point qu'abusant de l'expression *fac quod vis,* plusieurs se sont égarés, car avec une liberté entière, il y a encore des lois à observer pour éviter la licence et l'abus.

L'amour de Dieu, dit l'apôtre saint Jean, *nous prescrit d'obéir à ses commandements,* en ajoutant pourtant que ces commandements ne sont pas rigoureux ; il doit en être ainsi de ceux de l'Eglise ; car les règles qu'elle prescrit ne peuvent avoir un autre caractère : il veut que *son joug soit doux et sa charge légère.*

Le caractère du christianisme précisé, j'avoue que je me sens chrétien tolérant, mais ne puis rien comprendre à tout ce fatras de règles, d'institutions et de moyens violents que j'ai vu employer, à différentes époques que l'histoire nous apprend, et qui semblent autant de caprices, tandis que je vois Dieu immuable dans la marche des temps et du monde, et qui fait que ma foi en lui seul est inaltérable. Je vois dans les jésuites, société et institution odieuses, le malheur des peuples et des rois; chassés, tolérés, leur présence étonne les peuples, puisque des lois, et des lois terribles, les interdisent de plusieurs États, et que leurs forfaits, il faut bien le dire, sanctionnent. Qui n'a lu leurs maximes pernicieuses et entendu parler du livre régicide de Busembaum, sans parler du *Compendium,* imprimé à Fribourg, en Suisse, en 1834, enseigné au séminaire de Strasbourg? tout cela peut garantir l'homme instruit et pensant, mais le vulgaire devient leur victime.

Combien seraient coupables et parjures les ministres d'un roi chrétien qui souffriraient les atteintes portées aux lois par leur présence, que ces mêmes lois ont chassés à jamais, et que la raison approuve! Une cause nuisible à la religion catholique sera toujours la multiplicité des prêtres; réduisez-les aux curés de campagne, par de bons choix, observés par des évêques sages et vertueux, car un mauvais prêtre est une chose hideuse; détruisez, empêchez tout le personnel superflu dans les villes, les prêtres

étant des hommes ; plus vous en aurez, plus vous multiplie-
rez et réunirez de faiblesses humaines ; suivez l'histoire,
et sans me complaire dans les débordements honteux sur
l'immiscion des prêtres dans les affaires temporelles ou
mondaines, envahissement qui les a perdus, car en
voulant s'emparer du monde il est arrivé que ce monde
s'est emparé d'eux ; ils ont perdu à cet échange le caractère du respect que commande le sacerdoce, et qu'ils
auraient conservé en restant dans la spiritualité ; assez
beau domaine. Je ne veux pas chercher à plaisir et affec-
tation maligne les abus passés dans la seconde race ; on
sait qu'alors ils osèrent déposer Louis-le-Débonnaire et
Charles-le-Chauve ; que dans la troisième race ils excom-
munièrent le roi Robert ; qu'ils osèrent menacer Philippe-
Auguste, saint Louis et Philippe-le-Bel. Rappellerai-je ce
qu'il n'est pas permis d'ignorer, la guerre des Albigeois,
lorsqu'ils mirent tout le midi de la France en feu ? Parlerai-je des lettres de saint Bernard, où l'on voit le clergé
perdu de simonie et de débauche ; et sous le roi saint Louis
les abus arrivés à un tel point que l'on y remarque un
évêque âgé de dix-huit ans ? Plus tard, la société était
arrivée à un tel mépris à l'égard des prêtres, qu'il y avait
alors ce qu'on appelait de grandes dames, portant paniers,
selon la mode du temps, qui disaient *mon évêché, ma cure* ;
et c'est sans plus de gêne que, plus tard encore, le ca-

pitaine Bourdeille, plus connu sous le nom de *Brantôme*, s'empara de l'abbaye de ce nom, qu'il prit et garda, et sous lequel sont connus ses ouvrages. Vint ensuite la ligue ; et depuis, la conspiration des jésuites contre les rois n'a pas discontinué : témoin Henri IV, leur victime, qui était cependant leur bienfaiteur. Rapprochons-nous un peu plus de notre époque : nous trouvons, sous Louis XIII, le cardinal de Richelieu, dont le talent comme homme d'Etat est incontestable, quoique cruel, mais n'en était pas moins un mauvais prêtre, s'oubliant dans des niaiseries blamables et scandaleuses, puisqu'il faisait soutenir des thèses d'amour à sa nièce.

Passons-nous à la minorité de Louis XIV, nous y trouvons le cardinal de Retz, auquel on ne contestera pas non plus du talent et un esprit supérieur, quoique brouillon et tracassier ; mais essayer de faire son éloge comme prêtre, ce serait blasphémer ; car on connaît les scandales qu'il causa par ses maîtresses et ses énormes dettes, qu'il nombrait à légal de celles de César. On le voyait dans les rues de Paris haranguant pour la Fronde, et en dirigeant les légions, avouant publiquement ses maîtresses et ses folies ; on sait celles qu'il fit pour la duchesse de Chevreuse, dont il admirait les beaux yeux.

Qui n'a entendu parler des amours de M. de Harlay, archevêque de Paris, avec la marquise de Villequier.

Cette dernière ensevelissait les morts par pénitence, et se récompensait de ces mortifications pieuses en ne se refusant aucun amant, mais, pour s'absoudre sans doute, les choisissait de préférence dans l'Eglise ; et le curé de Saint-Méry, ainsi que le prieur de Saint-Martin suppléaient tour à tour M. l'archevêque de Harlay, qui ne respectait pas plus la belle-mère que la belle-fille.

Citerai-je les vers suivants, qui le dépeignent si bien :

> Harlay n'est plus : ce prince de l'Eglise,
>
> Dont l'ame fut à Vénus si soumise !
>
> Paix !
>
> Le pape le canonise :
>
> Lesdiguières en fait les frais.

Qui ne sait que le fameux abbé Cottin, prêtre, académicien, prédicateur du roi sous Louis XIV, faisait de très-jolis vers pleins d'amour. On peut en juger par ceux-ci :

> Iris s'est rendue à ma foi ;
>
> Qu'eût-elle fait pour sa défense ?
>
> Nous n'étions que nous trois : elle, l'amour et moi ;
>
> Et l'amour fut d'intelligence.

Prononcerai-je le nom de l'immoral cardinal Dubois, usé par la débauche, et tant d'autres, jusqu'à l'abbé Terray ? Que l'on s'étonne après cela de l'abaissement

où la religion est souvent tombée, ainsi que la dégrada-
tion du caractère de prêtre ; n'en accusez pas la philosophie, car c'est elle qui vous éclaire, mais bien les mœurs
et les vertus qui ont fléchi trop souvent dans le clergé.
Voilà les causes réelles, voilà ce qui fait que si l'on doute
des hommes-prêtres, on ne doute pas pour cela de Dieu.
Que le prêtre abjure toute prétention ou envahissement
aux affaires du monde, sans quoi les mêmes effets ou dispositions existantes ramèneront toujours aux mêmes résultats. Nous le voyons par le scandale que donnent nos
évêques aujourd'hui contre l'autorité, et le sang que les
jésuites font répandre à Zurich, est-ce là l'humanité recommandée par Jésus-Christ? A une paix profonde des
peuples, verrons-nous une guerre de secte religieuse
troubler le repos des États? Mais que les évêques et autres
sachent donc bien que l'humilité est au clergé ce que la
pudeur est pour les femmes, sous peine de tomber comme
elles dans le mépris.

Il est à méditer que nos évêques, en désertant les doctrines gallicanes pour les doctrines ultramontaines, pro-
testent, il est vrai, de leur sincère attachement à nos
institutions et à la liberté ; cette protestation peut être
sincère sans doute ; mais comme le pape excommunie
pour des causes temporelles, il en résulte qu'il doit être

permis de n'être pas rassuré sur la conduite que S. S.
tiendrait à l'égard de notre clergé, si celui-ci acquérait
une fois l'influence politique à laquelle il aspire, ou que
du moins son opposition manifeste : personne ne l'aurait
cru à la révolution de 1830, *époque* où il montrait une
craintive humilité.

Aimer, ai-je dit, est la première loi du christianisme ;
il offre à Dieu, par amour, un appareil de grandes cérémonies qui composent le culte, qui représentent et of-
frent à la croyance un ensemble de dogmes qui composent la foi ; mais la foi, c'est la soumission de l'esprit à
ce qui dépasse notre intelligence ; le culte est l'ensemble
des règles des rites et des cérémonies symboliques. Mais
comment croire saintes toutes ces choses, à moins d'avoir
une foi robuste que je ne possède pas ; lorsque l'on voit
des prêtres laisser croire qu'ils en doutent eux-mêmes,
par leur conduite, puisqu'ils ne sont pas maîtres de leurs
passions, et qu'ils s'efforcent de participer à l'état mon-
dain, lorsqu'ils devraient faire de chaque église leur
ermitage, comme l'ermite de la montagne fait le sien dans
sa cabane, hors et loin du monde.

Je ne veux point m'égarer dans une plus profonde
investigation des abus et des mystères religieux ; j'é-
prouve un profond respect pour ce qui me cause des

doutes, parce que j'y crois voir une cause de bonnes mœurs qui ne peuvent que réfugier les pensées vers le dieu de toutes les religions et de tout l'univers.

Mais l'orgueil, qui étouffe l'homme dans ses idées, l'empêche de présumer que, par son infériorité, il peut exister entre Dieu et l'homme un être moins imparfait que ce dernier, et qui se rapproche plus de l'essence divine. Qui sait si les onze planètes connues ne sont pas habitées par des espèces qui nous feraient rougir de notre infériorité? Respectons les décrets de la haute Providence ; sachons ne pas vouloir mesurer ce qui est incommensurable, mais ne nous abusons pas par trop de vanité ; tâchons de nous affilier à son essence, en ce qui en émane sur la terre, en imitant sa clémence et sa bonté infinie envers nos semblables, comme il agit envers nous ; sachons pardonner à nos ennemis, et faisons, en dépit des cœurs pervers, le plus de bien possible, selon notre pouvoir ou notre sort dans la société où nous nous trouvons placés.

Celui ou celle qui me lit observera peut-être que je ne semble pas avoir la foi nécessaire, et qui fait croire tout aveuglément ; il est vrai, celle-là je ne la possède pas, et m'en loue ; car elle me donne le discernement que je ne posséderais pas, et fait du sentiment de ma reconnaissance un acte pieux, que je rapporte encore à Dieu.

Je m'humilie donc, termine mes réflexions en m'avouant pécheur, fragile plus qu'un autre peut-être, mais prêt à paraître avec assurance devant le tribunal de Dieu, et y attendre sans crainte son jugement : ainsi que je l'ai dit, comme **J.-J. Rousseau** je puis me mettre à nu.

J'acquitte dans cet écrit un devoir de conscience avec le calme d'une conscience pure ; j'ai été bon époux et bon père, et peut-être trop faible à force d'être bon, si je puis m'exprimer ainsi, à en juger par les conséquences d'aujourd'hui, et n'en fais pas moins des vœux pour les mauvais cœurs dont j'ai à me plaindre. Cette manière de me venger m'est douce, et doit être agréable à celui qui voit nos bonnes et mauvaises actions.

J'ai entièrement pardonné à ceux qui m'on fait du mal ; ils ont peut-être cru en avoir un motif. Comme je fis toute ma vie le plus de bien possible, poussé jusqu'à mon détriment, je ne pense pas avoir à m'absoudre de la peine que j'ai pu faire involontairement ; mes intimes savent tout ce que j'ai eu à supporter de l'injustice et méchanceté humaines, et quelle a été et sera ma résignation jusqu'à mon dernier moment.

J'ai été continuellement puni du bien que j'ai fait et voulu faire, en me sacrifiant toujours, sans pouvoir me corriger, et qui a pourtant tourné contre moi. Ces épreuves et mes maux, je les endure comme je le dois, sans faiblesse, avec résignation, sans m'en prévaloir et sans en affliger personne.

Je n'ai dit ici que ce que je sens, sans tout dire, par respect et humilité chrétienne, et attends, avec une grande quiétude, la fin de mes douleurs et de ma vie.

.   .   .   .

Je désire que mes armes soient placées dans le cercueil (*qui m'attend*), avec le buste en bronze de l'Empereur, qui est sur ma cheminée ; le portrait de mon père et celui de ma femme si infortunée ; que l'on suive en un mot, toutes les dispositions prises dans mon testament particulier.

Ce 1er mai 1845.

NOTICE

SUR LE

GÉNÉRAL RIGAU,

EXTRAIT

Des Archives et Documents exposés aux Archives de la Guerre.

> Celui que l'Empereur qualifiait
> de martyr de la gloire.

———◆◇◆———

Rappeler en quelques mots les services que le général Rigau a rendus à son pays, essayer, malgré son émotion, d'indiquer quelques traits de son noble caractère, telle est la tâche que nous voudrions remplir dignement et dont nous regardons l'accomplissement comme un devoir sacré. Puissions-nous donner un idée de tant de talents, de tant de qualités qui lui ont valu l'estime et l'affection des plus illustres de ses contemporains! Cette Notice pourrait se résumer dans cette phrase énergique du maréchal Oudinot : « C'était un soldat, un général consommé. »

Antoine Rigau naquit à Agen en 1758, de parents

pauvres et de modeste origine, il fut huit ans soldat; ce rude début lui fut commun avec d'autres grandes illustrations; Napoléon demandait un jour au vainqueur de Souwaroff comment il était entré dans la carrière militaire : « Comme soldat, répondit Masséna. » — « C'est la bonne école, reprit l'Empereur. »

Alors on était satisfait par son désintéressement de son sort comme soldat. L'abnégation la plus grande animait toutes les âmes; on faisait plusieurs campagnes san obtenir un grade, une croix, qui n'étaient jamais sollicités : un officier qui aurait fait la moindre démarche pour son avancement eût été renvoyé de son corps par ses camarades, mais la pensée même n'en venait pas; on était heureux de la grandeur de l'époque, et cela est si vrai, que l'on voyait des colonels refuser le grade de général, des officiers et des sous-officiers refuser des promotions dans un autre corps, tant les liens militaires étaient des liens de famille; tout se ressentait de cette époque magique; l'abnégation était la devise du brave général Rigau : il comprenait au plus haut point que la générosité honore le courage, et que, dans la carrière qu'il devait parcourir, il fallait remplir son devoir sans calculer ses intérêts privés.

Entré comme soldat au régiment de la Sarre, en 1779, il y resta jusqu'en . . . . 1787.

Au commencement de l'année suivante, il entra comme capitaine dans la cavalerie belge, et n'en sortit qu'à la réunion de la Belgique à la France.

Capitaine d'une compagnie franche incorporée dans le 10e régiment de hussards à la fin de . 1792, il fut confirmé dans son grade par décret de la Convention en date du 30 mars . . . . . . 1793.

Chef d'escadron sur la fin de la même année, il fut nommé chef de brigade à la suite du 29 thermidor an . . . . 4.
Chef de brigade provisoire du 8e régiment de dragons, le 18 vendémiaire an . . . . . 9.
Chef de brigade titulaire du 16e régimeet de cavalerie, devenu 25e régiment de dragons, le 23 frimaire an . . . . 10.
Général, le 12 janvier . . . . 1807, il prit de suite le commandement d'une brigade de dragons qui décida la victoire à la bataille d'Ostrolenka, où il fut blessé pour la 5e fois.

Pendant sa convalescence, il reçut l'ordre de prendre le commandement de Marienbourg, le 13 mai . . . . 1807.

Six mois plus tard, à peine rétabli, il commandait en Espagne la brigade provisoire de cuirassiers ; après un séjour de deux ans, les fatigues l'obligèrent à se reposer pendant deux mois, au dépôt de cavalerie de Pau, le 10 janvier 1809.

Là il reçut l'ordre de se rendre dans la 26e division militaire le 22 mars . . . . 1809.

Il prit le commandement de la Sarre, en . 1810.

Le commandement à Mayence de la 54e colonne de marche en Allemagne, en . . . . . 1813.

Il commanda ensuite le département de la Marne, le 27 juin, en . . . . 1814, où il fut fait prisonnier de guerre par les Russes, après avoir héroïquement essayé de défendre Châlons.

Tel est le tableau succinct de la carrière militaire du général Rigau ; on voit facilement qu'il dut tous ses grades à des services incontestables, et qu'ils en furent la juste récompense.

Bien peu de guerriers ont fait d'aussi nombreuses campagnes : celles de la révolution belge de 1788 à 1792 ; 1792 à 1793 ; ans 2, 3, 4 à l'armée du Nord ; 8 et 9 Italie ; 12, 13, 14, 1806, 1807 côtes de l'Océan et grande armée en Autriche, Prusse et Pologne ; 1814 et 1815 en France.

Le maréchal Macdonald, qui citait souvent le général Rigau comme l'un de nos hommes de France des plus généreux et de ses plus glorieux officiers, se plaisait à citer ses blessures extraordinaires; en effet, il eut le corps traversé d'un coup de sabre à Jemmapes, 6 novembre 1792; il fut blessé d'un coup de sabre sur le bras et d'un coup de feu à la cuisse, à la bataille de Mons, 22 prairial, an 2 de la république; il reçut à la bataille de Rousselaere une balle qui entra au-dessous de la tempe gauche et sortit du côté droit; cette blessure ne lui permit plus de parler qu'au moyen d'un procédé artificiel et n'était pas encore cicatrisée à sa mort, 30 ans après; et, le croira-t-on! c'est en cet état qu'il reprit à cette bataille deux canons à l'ennemi! Enfin, à la bataille d'Ostrolenka, où ses brillantes charges décidèrent du gain de la journée, une balle lui traversa le bras et l'avant-bras.

On conçoit que, dans l'opinion des armées républicaines et impériales, il fut du nombre des braves les moins épargnés par le fer des ennemis de la France : « Vous voulez donc tomber en lambeaux, » lui disait le maréchal Oudinot, qui, frappé souvent lui-même, le visitait sur son lit de douleur le soir de la bataille d'Ostrolenka.

L'Empereur, si juste envers ses braves, ne pouvait oublier le général Rigau qu'il qualifiait de martyr de la gloire, et le nomma successivement chevalier, officier, commandant de la Légion-d'Honneur, baron de l'Empire, titre transmissible à sa descendance directe et accompagné d'une dotation plus importante que celles qui étaient généralement accordées.

L'Empereur appréciait, depuis l'Italie particulièrement, ses services et le nomma commandant de son quartier-général, à Marengo, en remplacement du général Hulin qui passa dans la garde consulaire; enfin, le grand homme, au moment de terminer son immortelle carrière, lui légua un souvenir dans un codicile en date de Longwood, 24 avril 1821; quelle distinction plus glorieuse! occuper la mémoire et le cœur du plus grand homme des temps modernes, et peut-être de tous les temps; au moment suprême! de ce juge si profond appréciateur des talents et des vertus, recevoir un témoignage si éclatant d'estime et d'affection! Mais hélas! le général ne put jouir de cette distinction si flatteuse; il venait de mourir sur la terre étrangère, proscrit non pas par sa patrie, mais fuyant un gouvernement qui devait expier plus tard ses outrages aux sympathies éternelles de la France.

La révolution de juillet, qui ne répudie aucune des gloires nationales, inscrivit le nom du général Rigau à la place qu'il devait occuper sur le gigantesque monument que Napoléon a élevé à la gloire impérissable de ses armées et de ceux qui partagèrent ses travaux.

Fidèle à son patriotisme, à ses convictions, ce valeureux général fut accusé d'avoir favorisé le retour de l'Empereur en 1815, et condamné par contumace à la peine de mort, par jugement du 2e conseil de guerre de la 1re division militaire, le 16 mai 1816. La passion de ce procès fut telle que l'on n'a pas rougi d'y consigner que l'enthousiasme de la canaille pour la canaille, pour le Corse, était tarifé; c'est ainsi que l'on comprenait le respect pour la loi et l'impassibilité du juge.

Nous aimons à placer ici un trait de généreux dévouement d'un digne habitant de Saar-Union (Bas-Rhin), Gustave Herrenschmidt, auquel le général dut, malgré les fureurs de la réaction, d'avoir pu franchir la frontière en sûreté.

Arrivé en Belgique, il fut accueilli avec une rare cordialité; mais bientôt l'ombrageux gouvernement d'alors l'obligea de s'éloigner de cette terre hospitalière; il alla en Amérique, esseya une colonisation au Champ-d'Asile (au Texas), où il fut bientôt abandonné par un manque de bonne foi et obligé de se retirer par les inondations et la misère.

Nous ne reviendrons pas sur ce qui s'est passé et dit sur le Champ-d'Asile; la passion a envenimé à cette époque beaucoup de choses, et l'erreur s'accrédite encore ; le nombre de ces intéressants réfugiés ne dépassa jamais deux cents.

C'est à la Nouvelle-Orléans qu'il vint mourir le 4 septembre 1820, à l'âge de soixante-deux ans ; sa mort fut la suite de ses graves blessures ; la vigueur de son corps et de son âme, qui avaient dominé toutes les fatigues de l'adversité, semblaient promettre à cette vie pleine de gloire militaire bien des années encore ; le vide laissé par sa perte au milieu des débris des braves de la grande armée restera sensible à ceux qui lui survivent ; après tant de grandeur et de gloire, le malheur semble augmenter encore l'auréole qui entoure à jamais les guerriers de cette grande époque, parmi lesquels le général Rigau fut si distingué !

Voici comment s'exprimait à la nouvelle de sa mort un des journaux du pays devenu étranger, qui longtemps avait partagé notre fortune, et dont les traités nous ont séparé, sans affaiblir les sentiments que cimentent le sang versé sur les champs de bataille :

Extrait du Journal de Gand du 2 mai 1821. — *N° 122.*

« Le général Rigau, réfugié à Gand en 1816 avec une » partie de sa famille, est mort à la Nouvelle-Orléans, le

» 4 septembre 1820 ; ce général proscrit par la France,
» qu'il avait servie pendant quarante années, a reçu dans
» la Belgique cette hospitalité délicate et généreuse que
» l'infortune a toujours eu l'habitude d'y chercher ; obligé
» de quitter l'Europe, il était allé en Amérique, dans un
» pays qui jadis fut français (la Louisiane), et où il trouva
» du moins quelques réminiscences d'une ingrate patrie ;
» c'est là qu'il est mort vieux et pauvre, couvert de bles-
» sures et d'infirmités.

» Les personnes qui ont connu le général Rigau et qui
» ont apprécié les belles qualités de son âme, nous sau-
» ront gré d'honorer sa tombe de quelques regrets, l'ex-
» pression n'en serait peut-être pas permise dans sa
» patrie, livrée au silence d'une censure ombrageuse. »

Cet hommage mérité, cette sympathie, cet éloge aussi
pur que vrai, était d'autant plus dégagé de tout artifice
que le général dans l'adversité ne pouvait imposer la
flatterie ; la reconnaissance seule payait alors ses glorieux
services.

Après avoir esquissé rapidement les travaux et les
phases de sa vie, ajoutons quelques mots sur la bonté de
son cœur et l'élévation de son âme ; sur son désintéressement devenu proverbial dans un temps où la probité
était remarquable dans les mœurs des camps ; sa bourse
était toujours ouverte aux pauvres, à ses amis ; il épiait

avec bonheur les occasions de faire du bien ; son humeur fut toujours égale, et il restait affable malgré les douleurs des blessures. Le brillant Murat, l'Achille de notre épopée impériale, qui se connaissait en vaillance, aimait à lui donner des preuves d'estime et d'affection. Tout en prenant gloire de citer ses illustres amis, tels qu'Oudinot, Gérard, Davoust, Macdonald, Moncey, Duroc, Bessières, Guilleminot, Belliard, Foy, etc., nous ne mettrons pas en oubli des amis d'une sphère moins élevée, mais dont les sentiments sont au niveau des plus hautes positions. Parmi les officiers qui se distinguèrent autour de lui en grand nombre, nous aimons à placer un vieil ami, M. Maillard, qui lui montra trente ans de dévouement, et M. Mouzin de Villers, l'un de ses aides-de-camp, qui lui rendit dans ses blessures, de concert avec l'ami que nous venons de citer, au milieu de ses privations et de ses souffrances, tous les services et les soins d'un fils : tous deux refusèrent d'améliorer leur sort et leur avenir par un attachement particulier à sa personne.

Ce brave général, ce loyal guerrier dont les contemporains conservent la mémoire vénérée, laissa des traditions d'honneur, de courage et de dévouement à une famille essentiellement militaire : un de ses fils est mort page de l'Empereur ; un autre, capitaine dans la garde impériale, a fini ses jours dans l'exil : mais son nom est encore porté dans l'armée par un fils colonel, un petit-fils capitaine, et plusieurs parents qui tâcheront d'imiter sa valeur, si la France faisait un appel à ses enfants.

Telle fut cette vie que l'on peut proposer comme exemple à la jeunesse appelée à servir la patrie, et dont la devise doit être *Tout pour la France,* comme celle de l'Empereur était *Tout pour le Peuple français.*

Nous terminons en exprimant le regret de ne pas posséder un talent capable de glorifier dignement les vertus et les services d'un grand citoyen, qui, pour récompense de ses travaux, mourut sur la terre étrangère (1).

---

(1) *Voir,* pour plus ample informé, la *Biographie* des *Fastes de la Légion-d'Honneur,* et autres.

FIN.

TABLE DES MATIÈRES.